예문으로 감잡는
고사성어
따라쓰기

예문으로 감잡는 고사성어 따라쓰기

1판 1쇄 펴냄 2016년 8월 30일

지은이 위즈덤팩토리
펴낸이 오광원
편 집 고수인
디자인 디자인모노피.주

펴낸곳 ㈜북핀
등 록 제2016-000041호(2016. 6. 3)
주 소 서울시 광진구 천호대로 572, 5층 505호
전 화 070-4242-0525
팩 스 02-6969-9737

ISBN 979-11-958238-8-8 64710
       979-11-958238-7-1 64710 (세트)

가격 10,000원

예문으로 감잡는

고사성어
따라쓰기

위즈덤팩토리 저

북핀

머리말

감언이설, 어부지리, 표리부동, 형설지공…

어디서 들어 봐서 느낌은 알지만 정확한 뜻은 모르는 고사성어들이 많지 않나요? TV에서 보고, 어른들이 말하는 걸 듣고, 책에 쓰여 있지만, 막상 직접 말해 볼 용기가 부족한 고사성어들 말이에요. 하지만 여러분! 부끄러워할 필요도 움츠러들 필요도 없답니다. 어른들도 똑같거든요! 난이도의 차이일 뿐, 어른들도 정확한 뜻을 모르고 넘어가는 고사성어가 한 가득이랍니다.

고사성어를 확실하게 익히는 방법은 무엇일까요? 바로 예문을 통해 고사성어의 의미를 알아내는 것이에요. 영어단어를 외우는 가장 좋은 방법이 영어단어가 들어간 문장을 같이 학습하는 방법인 것처럼 말이에요. 뜻을 정확히 안 후에 고사성어가 올바르게 사용된 예문을 여러 개 읽으면 자연스레 '아! 이럴 때 이 고사성어를 쓰는 거였구나!'라고 깨달을 수 있어요. 예문을 참고해서 나만의 문장을 만들어 본다면 친구들에게 직접 말하기도 훨씬 수월하겠지요?

더 나아가 고사성어와 관련한 이야기를 읽으면 '이 고사성어는 이렇게 만들어졌구나.', '이 이야기는 알고 있었지만, 고사성어와 관련이 있는 줄은 몰랐네!'하고 느낄 거예요. 한자를 따라 쓰면서 한 번 더 눈도장을 쾅! 찍으면 더욱 생각이 잘 나겠지요. 그렇다고 한자를 쓰면서 부담을 느끼고 '이걸 다 외워야 하나? 너무 어려운데.'라고 생각할 필요는 없어요. 고사성어 하나당 한 글자만 가지고 간다고 생각하는 거예요. 따라 쓸 수 있는 고사성어가 100개니까 하나당 한자 한 개씩만 외워도 무려 100개나 되는 걸요!

고사성어를 공부하기도 전에 어렵다고 움츠리고 있지 말고 이렇게 생각해 보는 건 어떨까요? 고사성어는 여러분의 대화를 훨씬 맛있게 만들어주는 양념이라고요! 아무런 간이 되어 있지 않은 음식도 먹을 수는 있겠지만, 양념이 들어간다면 훨씬 맛있는 것처럼 고사성어를 자유자재로 구사할 수 있다면 훨씬 더 재미있고 보람찬 대화가 되겠지요.

자, 이제 우리 고사성어를 알아보러 떠날까요?

목차

1장 이 정도는 가뿐하게!

2장 국어실력이 쑥쑥! 생각이 쑥쑥!

3장 만점으로 가는 지름길!

4장 이것까지 알면 고사성어 왕!

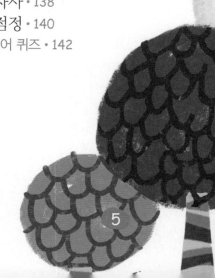

이 책의 활용법

고사성어 학습과 따라쓰기

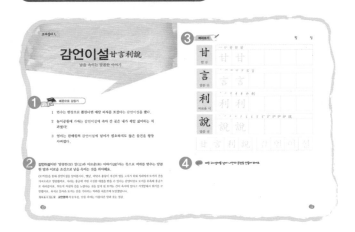

1. 예문을 소리 내어 읽어 보세요. 다양한 예문을 통해 고사성어가 실생활에 어떻게 쓰이는지 알 수 있어요.
2. 고사성어와 관련한 이야기를 통해 고사성어를 더욱더 쉽고 재밌게 이해할 수 있어요.
3. 한자의 뜻을 생각하며 따라 써보세요. 모두 익히려 애쓰지 마세요. 고사성어 하나에 한자 한 개씩만 외워도 무려 60개나 외울 수 있답니다.
4. 그 날 배운 고사성어를 넣어 나만의 문장을 만들어 보세요. 직접 자연스러운 문장을 만들 수 있다면 이미 그 고사성어는 완전 정복!

고사성어 퀴즈

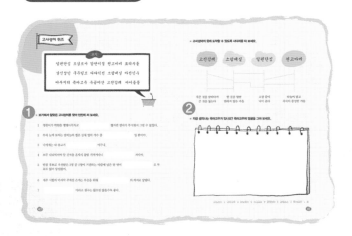

1. 문장을 읽고 빈칸에 문맥상 알맞은 고사성어를 넣어 보세요. 잊기 쉬운 고사성어도 한 번 더 복습할 수 있어요.
2. 사다리를 타며 고사성어의 뜻을 찾아가 보거나 주어진 고사성어 미션에 어울리는 그림을 그려 보세요. 문제가 아닌 놀이로 고사성어를 한 번 더 복습할 수 있어요.

'나는 고사성어 60개만으로는 부족하다!'하는 친구들을 위해 추가로 40개의 고사성어를 더 준비했어요. 총 100개의 고사성어로 진정한 고사성어 왕으로 거듭나는 거예요!

시작하기 전에 알아두기

한자 쓰기에도 법칙이 있어요

1 위에서 아래로 쓰세요.
   예 三 석 삼

2 왼쪽에서 오른쪽으로 쓰세요.
   예 川 내 천

3 가로획을 먼저 쓰고 세로획은 나중에 쓰세요.
   예 大 큰 대

4 가로획과 세로획이 교차할 때는 가로획을 먼저 쓰세요. 예 古 옛 고

5 좌우 대칭일 때는 가운데 획을 먼저 쓰세요.
   예 小 작을 소

6 몸('口')을 먼저 쓰세요.
   예 國 나라 국

7 글자 전체를 꿰뚫는 획은 나중에 쓰세요.
   예 中 가운데 중

8 삐침(丿)과 파임(乀) 이 함께할 때는 삐침을 먼저 쓰세요. 예 父 아비 부

9 오른쪽 위의 점은 맨 나중에 찍으세요.
   예 代 대신할 대

10 받침은 맨 나중에 쓰세요.
   예 建 세울 건

1장

이 정도는 가뿐하게!

활용 지수 ★★★★★

1장에서는 여러분도 익숙한 기초 고사성어를 다루고 있어요.
쉽지만 꼭 알아야 할 필수 고사성어를 입으로 소리 내어 말하고 쓰면서 익혀 봅시다.

체크 리스트

그날그날 배운 고사성어를 체크하면서 학습 진도를 한눈에 알아볼 수 있어요!

1. 감언이설 ☐
2. 고진감래 ☐
3. 구우일모 ☐
4. 다다익선 ☐
5. 마이동풍 ☐
6. 살신성인 ☐
7. 소탐대실 ☐
8. 아전인수 ☐
9. 어부지리 ☐
10. 우공이산 ☐
11. 일편단심 ☐
12. 조삼모사 ☐
13. 죽마고우 ☐
14. 천고마비 ☐
15. 표리부동 ☐

감언이설 甘言利說

남을 속이는 달콤한 이야기

 예문으로 감잡기

1. 민수는 반장으로 뽑힌다면 매달 피자를 쏘겠다는 감언이설을 했다.

2. 놀이공원에 가자는 감언이설에 속아 간 곳은 내가 제일 싫어하는 치과였다!

3. 엄마는 판매원의 감언이설에 넘어가 필요하지도 않은 물건을 왕창 사버렸다.

감언이설이란 '달콤한(甘) 말(言)과 이로운(利) 이야기(說)'라는 뜻으로 비위를 맞추는 달콤한 말과 이로운 조건으로 남을 속이는 것을 의미해요.

《토끼전》을 통해 감언이설을 알아봅시다. 옛날, 바닷속 용왕이 자신의 병을 고치기 위해 자라에게 토끼의 간을 가져오라고 명령했어요. 자라는 용궁에 가면 극진한 대접을 받을 수 있다는 감언이설로 토끼를 유혹해 용궁으로 데려갔어요. 뒤늦게 자신의 간을 노린다는 것을 알게 된 토끼는 간이 육지에 있다고 거짓말해서 위기를 모면했어요. 육지로 돌아온 토끼는 간을 기다리는 자라를 비웃으며 도망쳤답니다.

[함께 쓸 수 있는 말] **교언영색** 巧言令色 남을 속이는 아름다운 말과 웃는 얼굴.

10

甘 달 감	一 十 十 廿 甘				
	甘	甘			

言 말씀 언	丶 亠 二 亖 言 言 言				
	言	言			

利 이로울 이	丿 二 千 千 禾 利 利				
	利	利			

說 말씀 설	丶 亠 二 亖 言 言 言 訁 訬 訬 說 說 說 說				
	說	說			

甘	言	利	說	감	언	이	설

💬 배운 고사성어를 넣어 나만의 문장을 만들어 보세요.

고진감래 苦盡甘來

고생 끝에 낙이 온다

 예문으로 감잡기

1. 고진감래라더니, 기나 긴 기말고사가 끝나고 드디어 방학이다!

2. 희정이는 매일 열심히 공부하더니 중간고사에서 1등을 하는 고진감래를 이루었다.

3. 고진감래라더니, 삼촌은 3년 만에 고시에 합격했다!

고진감래란 '고생(苦) 끝(盡)에 낙(甘)이 온다(來)'는 뜻으로 힘든 날이 지나면 즐거운 날이 온다는 말이에요.

고전소설 《춘향전》을 통해 알아봅시다. 춘향이와 이몽룡은 사랑하는 사이였어요. 이몽룡이 과거를 치르러 떠난 사이, 새로 부임한 변 사또는 춘향이에게 수청을 요구했어요. 하지만 춘향이가 수청 들기를 거부하자 화가 난 변 사또는 춘향이를 감옥에 가둬버렸어요. 얼마 후, 장원급제한 이몽룡이 암행어사로 고을에 내려와 백성들을 괴롭히고 춘향이를 가둔 변 사또를 잡아들였어요. 시련을 견뎌낸 춘향이는 이몽룡과 오래도록 행복하게 살았답니다.

반대로 쓸 수 있는 말 **흥진비래** 興盡悲來 즐거운 일이 지나가고 슬픈 일이 온다.

苦 쓸 고

一 十 卝 艹 艹 苧 苦 苦

苦 苦

盡 다할 진

⼀ ㄱ ㅋ 聿 聿 聿 聿 聿 聿 書 書 盡 盡

盡 盡

甘 달 감

一 十 卝 卄 甘

甘 甘

來 올 래

一 ㄱ ㅜ 求 求 來 來 來

來 來

苦 盡 甘 來　고 진 감 래

배운 고사성어를 넣어 나만의 문장을 만들어 보세요.

구우일모 九牛一毛

매우 많은 것 중에 하나

 예문으로 감잡기

1. 오늘 끝낸 숙제는 남은 방학숙제 중 구우일모에 불과하다.

2. 아빠 월급의 구우일모인 천 원만 용돈으로 주시면 안 될까요?

3. 그 아이에게 내 존재는 구우일모에 지나지 않겠지…

구우일모란 '아홉(九) 마리의 소(牛)에서 뽑은 한(一) 올의 털(毛)'이라는 뜻으로, 아주 많은 것 중에 작고 하찮은 하나라는 의미예요.

한나라의 무제 유방은 사마천이 자신의 결정을 반대하자 괘씸한 마음에 생식기를 자르는 궁형을 내렸어요. 사마천은 수치스러운 궁형을 받은 후 친구에게 이런 편지를 썼어요.

"내가 이대로 죽는다면 아홉 마리의 소에서 털 한 올이 없어지는 것과 다를 바 없네. 사람들은 내가 소신을 지키다 죽은 것으로 생각하지도 않겠지."

이후 사마천은 《사기》를 집필했고 '아홉 마리의 소 중 한 올의 털'은 매우 많은 것 중에 하나로 하찮은 것을 뜻하는 말이 되었답니다.

[함께 쓸 수 있는 말] **창해일속** 滄海一粟 넓은 바닷속 좁쌀 한 알. 매우 작고 하찮은 것.

○○ 월 ○○ 일

九 아홉 구	ノ 九					
	九	九				

牛 소 우	ノ ㇏ 牛 牛					
	牛	牛				

一 한 일	一					
	一	一				

毛 털 모	ノ 二 三 毛					
	毛	毛				

九	牛	一	毛	구	우	일	모

배운 고사성어를 넣어 나만의 문장을 만들어 보세요.

다다익선 多多益善

많으면 많을수록 좋다

 예문으로 감잡기

1. 엄마에게 용돈도 다다익선이라고 말했다가 꿀밤을 맞았다.

2. 밥을 먹을 때마다 다다익선이라고 생각했더니 살이 5kg이나 쪄버렸어.

3. 엄마! 공부를 너무 많이 하는 건 다다익선이 아니라 과유불급이에요!

다다익선은 말 그대로 '많으면(多) 많을수록(多) 더욱(益) 좋다(善)'는 뜻이에요.

어느 날 한나라의 무제 유방이 신하인 한신에게 물었어요.

"자네가 보기에 나는 얼마나 많은 군사의 장수가 될 수 있는가?"

"아뢰옵기 황공하오나 폐하께서는 10만 정도의 군대를 거느릴 수 있으십니다."

"그렇다면 자네는 어느 정도의 군대를 거느릴 수 있는가?"

"저는 많으면 많을수록 좋습니다."

"많으면 많을수록 좋다고? 그런데 어찌 자네 같은 사람이 나 같은 사람의 신하가 되었는가?"

"폐하는 10만의 병사가 아닌 10만의 장수를 거느릴 수 있는 장수이옵니다. 그것이 제가 폐하의 신하가 된 이유이지요."

[반대로 쓸 수 있는 말] **과유불급** 過猶不及 지나친 것은 부족한 것과 같다.

多　많을 다	ﾉ ク ク タ タ 多 多					
	多	多				

多　많을 다	ﾉ ク ク タ タ 多 多					
	多	多				

益　더할 익	ﾉ ｿ ﾊ ﾑ ﾑ 谷 谷 谷 益 益					
	益	益				

善　착할 선	ﾍ ﾉ ﾉ ﾆ ﾆ 羊 羊 羔 善 善 善					
	善	善				

多	多	益	善	다	다	익	선

💬 배운 고사성어를 넣어 나만의 문장을 만들어 보세요.

마이동풍 馬耳東風

남의 말을 유심히 듣지 않고 흘려보내다

 예문으로 감잡기

1. 우리 집 고양이는 아무리 혼내봤자 마이동풍이야. 들은 척도 안 하거든.

2. 새로 나온 스마트폰을 사달라고 졸랐지만, 엄마는 마이동풍이었다.

3. 너는 진심 어린 충고도 마이동풍으로 흘려듣는구나.

마이동풍이란 '동쪽(東)에서 불어오는 봄바람(風)이 말(馬)의 귀(耳)를 스쳐 간다'는 뜻으로 남의 말이나 충고를 유심히 듣지 않고 흘려보내는 모습을 말해요.

당나라 시인 이백은 세상이 자신의 시를 몰라준다며 슬퍼하는 친구를 위해 시를 써서 위로했어요.
세상 사람들이 우리가 지은 시를 들어도 고개를 가로저으며 들으려 하지 않으니
마치 봄바람이 말의 귀에 부는 것과 같구나

좋은 시를 지어도 봄바람이 말의 귀를 스치는 것처럼 아무도 듣지 않는 현실을 안타까워하며 친구에게 위로를 건네는 시랍니다.

함께 쓸 수 있는 말 **우이독경** 牛耳讀經 소귀에 경 읽기. 아무리 말해도 알아듣지 못한다.

| 馬 | 丨 厂 厂 厊 馬 馬 馬 馬 馬 | | | | |
| 말 마 | 馬 | 馬 | | | |

| 耳 | 一 丅 下 F 王 耳 | | | | |
| 귀 이 | 耳 | 耳 | | | |

| 東 | 一 丆 币 币 甶 申 東 東 | | | | |
| 동녘 동 | 東 | 東 | | | |

| 風 | 丿 几 凡 凡 凨 凨 凨 凨 風 風 | | | | |
| 바람 풍 | 風 | 風 | | | |

| 馬 | 耳 | 東 | 風 | 마 | 이 | 동 | 풍 |

💬 배운 고사성어를 넣어 나만의 문장을 만들어 보세요.

살신성인 殺身成仁

옳은 일을 위해 목숨을 바치다

 예문으로 감잡기

1. 선생님은 체육대회에서 우승하기 위해 살신성인한 아이들에게 아이스크림을 사주셨다.

2. 나라를 위해 살신성인한 이순신 장군은 정말 대단해. 나도 멋진 군인이 될 거야!

3. 부모님은 우리를 위해 언제나 살신성인하신다.

살신성인이란 '인(仁), 또는 정의를 이루기(成) 위해 목숨(身)을 바치면서(殺) 희생하는 것'을 말해요.

조선 시대의 '논개'라는 인물을 통해 살신성인을 알아봅시다. 논개는 임진왜란에서 의병장으로 활약한 최경회의 첩이었어요. 하지만 최경회는 진주성에서 패배한 후 전사했고 진주를 함락한 왜군은 남강 근처에서 연회를 벌였어요. 논개는 기생으로 위장해서 술에 취한 왜장을 남강의 바위 위로 유인한 뒤 왜장을 끌어안고 함께 투신하였어요. 왜장이 죽은 뒤 왜군의 사기는 바닥으로 떨어져 진주를 떠났고 사람들은 논개의 살신성인을 칭송하며 기렸답니다.

殺
죽일 살

ノ メ 二 辛 辛 杀 杀 杀 杀 殺 殺

殺　殺

身
몸 신

ノ イ 门 门 自 自 身

身　身

成
이룰 성

ノ 厂 厄 成 成 成

成　成

仁
어질 인

ノ イ 仁 仁

仁　仁

殺 身 成 仁　살 신 성 인

배운 고사성어를 넣어 나만의 문장을 만들어 보세요.

소탐대실 小貪大失

작은 것을 욕심내다 큰 것을 잃는다

 예문으로 감잡기

1. 엄마가 피자를 사 오셨지만 막 동생 간식을 뺏어 먹은 참이라 배가 불러서 도저히 먹을 수가 없었어. 이런 게 소탐대실이구나 싶었지.

2. 학교 앞 분식집 말이야. 매번 음식을 조금만 주더니 결국 망했대. 소탐대실이지 뭐야.

3. 영훈이가 옆 동네 PC방이 싸다고 이 더운 날씨에 걸어갔다가 일사병에 걸렸대. 몇 백 원 아끼려다 병원비가 배로 든 소탐대실이지.

소탐대실은 '작은(小) 것을 욕심내다가(貪) 큰(大) 것을 잃는다(失)'는 뜻이에요.

전국 시대, 진나라 혜왕은 촉나라를 정복하기 위해 촉나라 왕이 욕심이 많은 것을 이용하기로 했어요. 혜왕은 촉나라 왕에게 황금 황소를 바치고 싶지만, 촉의 험난한 지형 때문에 황금 황소를 가져가기 힘들 것 같다고 말했어요. 욕심에 눈이 먼 촉나라 왕은 신하들의 반대에도 불구하고 땅을 다듬는 공사를 했어요. 공사가 끝난 후 진나라는 황금 황소와 수만 명의 군사를 함께 보냈어요. 군사들은 촉의 수도에 들어가자마자 공격했고 촉은 함락되고 말았어요. 결국 촉의 왕은 황금 황소에 눈이 멀어 나라를 잃어버린 것이지요.

[함께 쓸 수 있는 말] **교각살우** 矯角殺牛 조그만 흠을 고치려다 오히려 일을 그르치다.

小 작을 소

丿 小 小

小 小

貪 탐할 탐

丿 人 人 今 今 合 含 盒 盒 貪 貪

貪 貪

大 큰 대

一 ナ 大

大 大

失 잃을 실

丿 ㅅ ㄴ 失 失

失 失

| 小 | 貪 | 大 | 失 | 소 | 탐 | 대 | 실 |

💬 배운 고사성어를 넣어 나만의 문장을 만들어 보세요.

아전인수 我田引水

자기 욕심만 차리는 모습

 예문으로 감잡기

1. 놀부는 형제도 도와주지 않는 아전인수의 전형적 인물이야.

2. 모두 나눠 먹어야 할 간식을 혼자서 몽땅 가져가는 건 아전인수와 다를 바 없는 행동이야.

3. TV 리모컨을 독차지해서 본인이 보고 싶은 것만 보는 아빠야말로 아전인수예요!

아전인수란 '제(我) 논(田)에 물 대기(引水)'라는 뜻으로 모든 물을 자신의 논에만 가져가는 것처럼 이기적이고 자기 욕심만 차리는 모습을 의미해요.

아전인수의 대표적인 인물로는 조선 후기의 전라도 고부군수 조병갑이 있어요. 조병갑은 백성들을 돈도 주지 않고 부려 먹고, 사람들에게 억울하게 죄를 씌워 재산을 착취했어요. 또 말도 안 되는 이유로 세금을 거두고, 면세를 약속한 황무지 개간도 약속을 어기고 세금을 거두는 등 파렴치한 짓을 했어요. 학정에 참다못한 전봉준과 동학도 천여 명이 관아를 습격해 민란을 일으켰고 조병갑은 체포되었지요. 이 민란은 훗날 동학농민운동의 시발점이 되었답니다.

반대로 쓸 수 있는 말 **역지사지** 易地思之 다른 사람과 처지를 바꾸어 생각하다.

我
나 아

ノ 二 于 手 我 我 我

我 我

田
밭 전

丨 冂 曰 田 田

田 田

引
끌 인

フ コ 弓 引

引 引

水
물 수

亅 刁 가 水

水 水

我 田 引 水 아 전 인 수

💬 배운 고사성어를 넣어 나만의 문장을 만들어 보세요.

어부지리 漁父之利

두 사람이 싸우는 사이 엉뚱한 사람이 이득을 본다

 예문으로 감잡기

1. 강력한 우승후보 두 반이 전력을 다해 싸워 지치는 바람에 어부지리로 우리 반이 체육대회에서 우승할 수 있었어.

2. 나와 동생이 TV 리모컨을 두고 싸우는 사이 어부지리로 아빠가 차지해 버렸다.

3. 소연이 옆자리를 두고 정우와 경훈이가 싸우는 사이, 어부지리로 내가 소연이의 짝이 되었다.

어부지리란 '어부(漁夫)의 이득(利)'이라는 뜻으로, 두 사람이 싸우는 사이 엉뚱한 제삼자가 덕을 보는 것을 말해요.

조나라가 연나라를 공격할 낌새를 보이자 연나라의 현명한 사신이 조나라에 가서 이렇게 말했어요.

"어느 날, 새가 조개의 살을 쪼자 조개가 새의 부리를 물고 '이렇게 계속 있으면 너는 말라죽겠지.'라고 말했습니다. 그러자 새도 '너야말로 내 부리를 놓지 않는다면 굶어 죽겠지.'라고 말했습니다. 그렇게 서로 다투는 동안 지나가는 어부가 둘을 보고 함께 잡아갔습니다. 이처럼 두 나라가 전쟁을 해서 약해진다면 다른 나라가 어부처럼 두 나라를 한꺼번에 칠 것입니다."

이야기를 들은 조나라 왕은 연나라를 공격하려는 생각을 접었어요. 이후 '어부지리'는 둘이 다투는 동안 엉뚱한 제삼자가 이익을 얻는다는 의미로 전해지게 됐답니다.

漁 고기잡을 어
丶丶冫冫氵汒汒洎洎渔渔漁漁漁
漁 漁

父 아비 부
丿丷丿父
父 父

之 갈(~의) 지
丶亠亠之
之 之

利 이로울 리
丿二千千禾利利
利 利

| 漁 | 父 | 之 | 利 | 어 | 부 | 지 | 리 |

💬 배운 고사성어를 넣어 나만의 문장을 만들어 보세요.

우공이산 愚公移山

어떤 일이든 끊임없이 노력하면 이루어진다

 예문으로 감잡기

1. 이번 단소 시험에서 만점을 받도록 우공이산 해야지.

2. 올해는 꼭 우공이산 해서 살을 빼고 말 거야. 작심삼일도 100번 하면 1년이라고!

3. 노인은 우공이산 하는 마음으로 나무를 심어 사막을 숲으로 바꾸었다.

우공이산이란 '어리석은(愚) 사람(公)이 산(山)을 옮긴다(移)'는 뜻으로 어떤 일이든 꾸준히 노력하면 이룰 수 있다는 말의 고사성어예요.

옛날에 우공이라는 노인이 마을 옆의 두 산 때문에 매번 돌아가야 하는 것이 불편해서 두 산을 옮기기로 마음먹었어요. 가족 모두가 산을 옮긴다는 말에 사람들이 비웃자 우공은 이렇게 대꾸했어요.
"내가 죽으면 내 아들이 산을 옮길 것이고, 아들이 죽으면 손자가 산을 옮길 것이오. 후손들이 모두 산을 옮긴다면 언젠가는 산이 옮겨지지 않겠소?"
이 말을 들은 하늘의 신이 우공의 의지에 감탄하여 두 산을 옮겨 주었어요. 이후 어떤 일이든 끊임없이 노력하면 이루어진다는 의미로 '우공이산'이라는 고사성어가 생기게 됐답니다.

[함께 쓸 수 있는 말] **마부작침** 磨斧作針 도끼를 갈아 바늘을 만든다. 어려운 일도 노력하면 이루어진다.

愚 어리석을 우	丿 冂 冂 日 ㄓ 禺 禺 禺 禺 愚 愚 愚				
	愚	愚			

公 그대 공	丿 八 公 公				
	公	公			

移 옮길 이	丿 二 千 禾 禾 利 科 移 移 移 移				
	移	移			

山 뫼 산	丨 山 山				
	山	山			

愚	公	移	山	우	공	이	산

💬 배운 고사성어를 넣어 나만의 문장을 만들어 보세요.

일편단심 一片丹心

한 곳을 향한 변하지 않는 마음

 예문으로 감잡기

1. 영은이를 향한 내 마음은 일편단심 민들레야.

2. 남자주인공이 여자주인공을 일편단심으로 사랑하는 마음을 절절하게 표현한 게 이 소설의 매력이야.

3. 아빠는 엄마를 일편단심으로 사랑하신다.

일편단심이란 '한(一) 조각(片)의 붉은(丹) 마음(心)'이란 뜻으로, 한 곳을 향한 변하지 않는 마음, 충심을 의미한답니다.

일편단심 하면 고려의 충신 정몽주가 있지요. 새로운 나라를 세우기 위해 정몽주를 설득해야 했던 이방원은 이런 시조를 읊었어요.

이런들 어떠하며 저런들 어떠하리/만수산 드렁칡이 얽어진들 어떠하리

우리도 이같이 얽어져 백 년까지 누리리라

새 시대를 열어 함께 잘살아 보자는 의미였지만 정몽주는 마음을 굽히지 않았어요.

이 몸이 죽고 죽어 일백 번 고쳐 죽어/백골이 진토되어 넋이라도 있고 없고

임 향한 일편단심이야 가실 줄이 있으랴

정몽주의 나라를 향한 일편단심에 결국, 이방원은 선죽교에서 정몽주를 죽이고 말았어요.

一
한 일

一
一　一

片
조각 편

丿 丿' 广 片
片　片

丹
붉을 단

丿 刀 月 丹
丹　丹

心
마음 심

丶 心 心 心
心　心

一 片 丹 心　일 편 단 심

💬 배운 고사성어를 넣어 나만의 문장을 만들어 보세요.

조삼모사 朝三暮四

간사한 꾀로 남을 속이거나 눈앞의 이익만 생각하는 어리석음

 예문으로 감잡기

1. 시험을 일주일에 한 번 보든 한 달에 네 번 보든 결국 똑같은 조삼모사 아니야?

2. 선생님은 우리에게 교실 청소와 화장실 청소 중 원하는 것을 고르라고 말씀하셨고 우리는 조삼모사와 다를 바 없다는 생각이 들었다.

3. 아빠! 담배를 완전히 끊는 것도 아니고 줄이기만 하겠다는 건 조삼모사와 다를 바 없잖아요!

조삼모사란 '아침(朝)에 세(三) 개, 저녁(暮)에 네(四) 개'라는 뜻으로, 당장 눈앞의 이익을 생각하는 어리석음이나 간사한 꾀로 남을 속일 때 쓰는 말이에요.

송나라의 저공은 기르는 원숭이들의 먹이를 줄이기로 한 뒤 원숭이들에게 말했어요.

"오늘부터는 너희에게 도토리를 아침에 세 개, 저녁에는 네 개를 줄 것이다."

원숭이들은 아침에 세 개는 너무 적다며 화를 냈어요.

"그렇다면 아침에 네 개, 저녁에 세 개를 나누어 주겠다."

그러자 원숭이들은 좋아했어요. 하루에 먹는 도토리 양은 똑같은데 말이지요. 이처럼 잔꾀로 남을 속이는 저공의 모습이나, 눈앞의 이익만 생각하는 어리석은 원숭이의 모습을 빗대어 '조삼모사'라는 말이 만들어졌어요.

朝 아침 조	一 十 十 古 古 古 直 卓 朝 朝 朝 朝
	朝 朝

三 석 삼	一 二 三
	三 三

暮 저물 모	一 十 卄 艹 芢 苧 苩 苗 苩 莫 莫 莫 幕 幕 暮
	暮 暮

四 넉 사	丨 冂 冂 四 四
	四 四

朝	三	暮	四	조	삼	모	사

💬 배운 고사성어를 넣어 나만의 문장을 만들어 보세요.

죽마고우 竹馬故友

어린 시절부터 함께 자란 친구

 예문으로 감잡기

1. 나랑 은정이는 어릴 적부터 친한 죽마고우야.

2. 아빠는 매주 금요일 밤마다 죽마고우 영철 삼촌과 거나하게 취해 들어 오신다.

3. 영훈이와 난 어릴 적 죽마고우였지만 한 번 크게 싸운 후론 아는 척도 하지 않아.

죽마고우란 '죽마(竹馬)를 타고 놀던 옛(古) 친구(友)'라는 뜻으로 어린 시절부터 함께 자란 친구, 어린 시절부터 친한 친구를 말해요.

삼국 시대, 황제는 유능한 신하인 환온을 견제하기 위해 은호에게 높은 관직을 내렸어요. 환온과 은호는 어릴 적에는 친구였지만 어른이 된 후에는 멀어진 사이였지요. 은호가 전쟁에서 패배하자 환온은 이를 빌미로 죄를 물어 은호를 귀양보냈고 은호는 그곳에서 목숨을 거두었어요. 환온은 사람들에게 이렇게 말했어요.
"은호와 나는 어릴 적 죽마를 타고 놀던 친구였소. 내가 죽마를 버리면 은호는 주워가곤 했지. 그런 은호가 내게 머리를 숙여야 하는 것은 당연한 일이오."

함께 쓸 수 있는 말 **관포지교** 管鮑之交 변치 않는 참된 우정.

竹
대 죽

ノ ノ ヶ ケ 竹 竹

竹 竹

馬
말 마

l 厂 冂 冂 厞 馬 馬 馬 馬 馬

馬 馬

故
옛 고

一 十 土 古 古 甘 古 故 故

故 故

友
벗 우

一 ナ 方 友

友 友

竹 馬 故 友　죽 마 고 우

배운 고사성어를 넣어 나만의 문장을 만들어 보세요.

천고마비 天高馬肥

하늘이 맑고 먹을 것이 풍성한 가을

 **예문으로 감잡기**

1. 쌀쌀해지는 걸 보니 어느새 천고마비의 계절이 왔구나.

2. 말도 살찌는 천고마비의 계절이니 우리가 살찌는 것도 당연한 일이야.

3. 가을은 천고마비의 계절인 동시에 독서의 계절이야.

천고마비란 '하늘(天)이 높고(高) 말(馬)이 살찐다(肥)'는 뜻으로, 하늘이 맑고 먹을 것이 많은 활동하기 좋은 계절, 가을을 뜻하는 말이에요.

천고마비라는 사자성어가 생겨난 이유엔 흉노족이 관련돼 있어요. 흉노족은 초원에서 유목생활을 하는 민족으로, 말을 타고 와 중국 변방의 마을을 약탈하는 것으로 유명했어요. 봄, 여름 동안 말을 살찌운 뒤 가을부터 말을 타고 와 본격적인 약탈을 했지요. 그래서 중국 사람들은 가을이 오면 이런 걱정 섞인 푸념을 늘어놓았어요. "하늘이 맑고 말이 살찌는 것을 보니 가을이 오는구나. 곧 흉노족들이 들이닥치겠어."

天
하늘 천

一 二 チ 天

天　天

高
높을 고

丶 一 亠 古 古 冃 高 高 高 高

高　高

馬
말 마

1 厂 厂 厈 匡 馬 馬 馬 馬 馬

馬　馬

肥
살찔 비

1 刀 月 月 肝 胆 肥 肥

肥　肥

天 高 馬 肥　천 고 마 비

💬 배운 고사성어를 넣어 나만의 문장을 만들어 보세요.

표리부동 表裏不同

겉과 속이 다르다

 예문으로 감잡기

1. 표리부동이란 우리 엄마를 뜻하는 말인 것 같아. 전화 받을 때 목소리와 나한테 말할 때 목소리가 전혀 다르거든!

2. 장화홍련전의 계모는 표리부동의 전형적 인물이야.

3. 영훈이는 남자애들 앞에서와 여자애들 앞에서의 행동이 다른 표리부동한 녀석이야.

표리부동이란 '겉(表)과 속(裏)이 같지(同) 않다(不)'는 뜻으로 겉으로 보이는 모습과 속으로 생각하는 것이 다르다는 부정적인 의미로 쓰인답니다.

《삼국지연의》의 초선을 통해 알아봅시다. 초선은 중국 4대 미인으로 불리며 널리 알려져 있어요. 초선의 양아버지 왕윤은 나라를 흔드는 동탁을 없애고 싶었지만, 동탁에게는 여포라는 장수가 항시 곁에 있었기 때문에 불가능했어요. 초선은 동탁과 여포를 이간질할 계책을 세웠어요. 이후, 초선은 여포 앞에서는 여포를 사랑하지만 억지로 동탁과 결혼해 불행한 척을 했고, 동탁에게는 여포가 자신을 희롱한다고 하소연했어요. 초선의 이간질에 동탁과 여포의 사이는 흔들리기 시작했고 결국, 여포는 동탁을 죽여 버렸어요. 여포와 동탁을 사랑하는 것처럼 행동했지만 속으로는 이간질할 생각을 품은 초선처럼 겉과 속이 다르다는 의미로 '표리부동'을 쓴답니다.

表 겉 표
一 ニ キ キ 主 声 声 表 表
表 表

裏 속 리
丶 亠 亠 宀 亩 亩 盲 宣 車 童 申 更 裏 裏
裏 裏

不 아닐 부
一 ア 不 不
不 不

同 한가지 동
丨 冂 冂 同 同 同
同 同

表 裏 不 同　　표 리 부 동

💬 배운 고사성어를 넣어 나만의 문장을 만들어 보세요.

> **보기**
>
> 일편단심 조삼모사 감언이설 천고마비 표리부동
>
> 살신성인 구우일모 다다익선 소탐대실 아전인수
>
> 어부지리 죽마고우 우공이산 고진감래 마이동풍

★ 보기에서 알맞은 고사성어를 찾아 빈칸에 써 보세요.

1 영찬이가 학원을 땡땡이치자고 ☐☐☐☐ 했지만 엄마가 무서워서 그럴 수 없었다.

2 우리 눈에 보이는 밤하늘의 별은 실제 별의 개수 중 ☐☐☐☐ 일 뿐이야.

3 너에게는 내 충고가 ☐☐☐☐ 이구나.

4 모두 나눠먹어야 할 간식을 혼자서 몽땅 가져가다니 ☐☐☐☐ 격이야.

5 반장 후보로 추천받은 3명 중 2명이 기권하는 바람에 남은 한 명이 ☐☐☐☐ 로 투표도 없이 당선됐어.

6 계주 시합의 마지막 주자인 은지는 우승을 위해 ☐☐☐☐ 의 의지로 달렸다.

7 ☐☐☐☐ 이라고 친구는 많으면 많을수록 좋다.

★ 고사성어의 뜻에 도착할 수 있도록 사다리를 타 보세요.

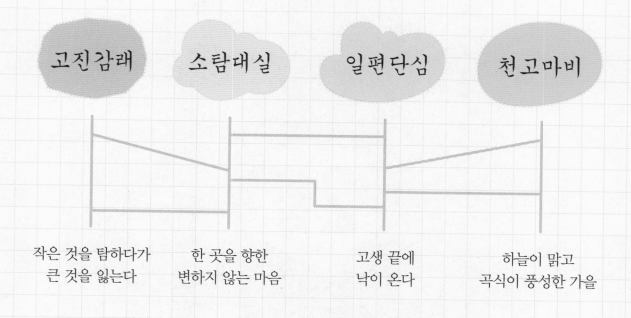

고진감래 소탐대실 일편단심 천고마비

작은 것을 탐하다가
큰 것을 잃는다

한 곳을 향한
변하지 않는 마음

고생 끝에
낙이 온다

하늘이 맑고
곡식이 풍성한 가을

★ 지금 생각나는 죽마고우가 있나요? 죽마고우의 얼굴을 그려 보세요.

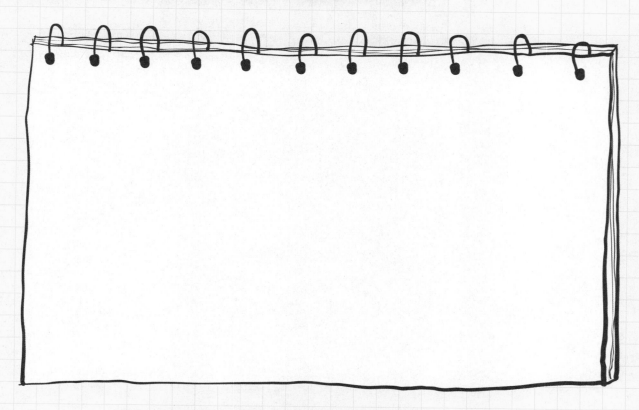

2장

국어 실력이 쑥쑥!
생각이 쑥쑥!

성장 지수 ★★★★★

2장에서는 들어는 봤지만 정확한 뜻을 몰라 알쏭달쏭했던 고사성어를 다루고 있어요.
고사성어에 얽힌 이야기와 예문을 통해 정확히 이해하면 국어 실력도 쑥쑥 올라갈 거예요!

체크 리스트

그날그날 배운 고사성어를 체크하면서 학습 진도를 한눈에 알아볼 수 있어요!

각주구검 刻舟求劍

융통성 없는 어리석은 생각이나 행동

 예문으로 감잡기

1. 머리가 나쁘면 몸이 고생한다더니 각주구검이 따로 없구나!

2. 운동회에서 아이들이 다쳤다고 운동회를 없앤다는 건 각주구검식의 대책이야.

3. 어른들도 가끔은 각주구검 같은 행동을 할 때가 있나 봐.

각주구검이란 배(舟)에 위치를 표시(刻)한 뒤 검(劍)을 찾을(求) 정도로 융통성 없고 어리석은 행동을 뜻해요.

한 청년이 배를 타고 강을 건너다 칼을 떨어뜨리고 말았어요. 청년은 단도를 꺼내 칼이 빠진 부분의 뱃전에 표시해놓았어요. 배가 포구에 닿자 표시한 곳으로 들어가 칼을 찾았으나 당연히 칼은 찾을 수 없었어요. 사람들은 청년을 비웃으며 말했어요.

"뱃전에 위치를 새기면 무얼 하나. 이미 배는 칼이 떨어진 자리를 떠나왔는데."

이후 융통성이 없는 어리석은 생각이나 행동을 어리석은 청년의 행동에 빗대어 '각주구검'이라 부르게 됐답니다.

함께 쓸 수 있는 말 **수주대토** 守株待兔 불가능한 일을 고집하는 어리석음.

刻 새길 각	`丶 亠 亠 亥 亥 亥 刻 刻`				
舟 배 주	`丿 丿 刀 月 月 舟`				
求 구할 구	`一 寸 寸 才 求 求 求`				
劍 칼 검	`丿 入 丄 仐 合 合 佥 侖 侖 刽 剑 剑 僉 劍 劍`				

| 刻 | 舟 | 求 | 劍 | 각 | 주 | 구 | 검 |

💬 배운 고사성어를 넣어 나만의 문장을 만들어 보세요.

감탄고토 甘呑苦吐

달면 삼키고 쓰면 뱉는다

 예문으로 감잡기

1. 희찬이는 내가 과자를 가지고 있을 때만 친한 척하는 감탄고토 식의 행동을 해서 얄미워.

2. 아빠가 좋아하는 햄만 드시지 말고 채소도 좀 드세요! 우리 집 식탁에서 감탄고토는 사라져야 해요!

3 필요할 때만 친구를 찾는 감탄고토 식의 행동을 고치지 않는다면 넌 혼자가 될 거야.

감탄고토란 '달면(甘) 삼키고(呑) 쓰면(苦) 뱉는다(吐)'라는 뜻으로 마음에 들면 가까이하고 싫어하거나 쓸모없으면 버린다는 뜻이에요.

옛 영화 《시집가는 날》을 통해 이해해 봅시다. 맹 진사는 딸 갑분이를 김 판서 댁 미언과 혼인시키기로 했어요. 하지만 미언이 병자라는 소문이 돌자 갑분이는 혼인하기 싫다고 고집부렸어요. 딸을 아픈 사람에게 보내기는 싫고 가문을 위해 혼인은 시켜야 했던 맹 진사는 몸종 이쁜이를 몰래 시집보내기로 했어요. 그런데 혼인날에 나타난 미언은 아프기는커녕 아주 잘생긴 대장부였어요. 착한 신부를 얻고 싶었던 미언의 계책이었던 거죠. 감탄고토 식으로 이로운 것만 챙기고 쓴 것은 뱉으려 했던 맹 진사와 갑분이의 욕심에서 비롯된 희극이랍니다.

甘
달 감

一 十 廿 廿 甘

甘　甘

吞
삼킬 탄

´ 一 二 チ 天 禾 吞 吞

吞　吞

苦
쓸 고

一 十 卄 艹 芏 芏 芊 苦 苦

苦　苦

吐
토할 토

丨 口 口 口 叶 吐

吐　吐

甘 吞 苦 吐　감 탄 고 도

💬 배운 고사성어를 넣어 나만의 문장을 만들어 보세요.

결초보은 結草報恩

죽어서도 잊지 않고 은혜를 갚는다

 예문으로 감잡기

1. 네가 내 숙제를 도와주면 잊지 않고 꼭 결초보은할게!

2. 흥부전의 제비는 자신을 살려준 흥부에게 결초보은했구나.

3. 너는 부모님의 은혜에 결초보은하지는 못할망정 배은망덕하게 구는구나!

결초보은이란 '풀(草)을 묶어(結) 은혜(恩)를 갚는다(報)'는 뜻으로 죽어서도 잊지 않고 은혜를 갚는다는 말이에요.

진나라의 위무자는 아들 위과에게 자신이 죽으면 사랑하는 여인을 다른 사람과 재혼시키라고 말했지만, 병에 걸리자 자신과 함께 묻어달라고 했어요. 하지만 위무자가 죽은 후, 위과는 여인을 재혼시키며 이렇게 말했어요.
"나는 아버지가 건강하셨을 적 올바른 정신으로 했던 말씀을 따르기로 했습니다."
얼마 후, 위과는 전쟁 중 적장에게 쫓기게 됐어요. 그런데 놀랍게도 적장이 엮인 풀에 걸려 넘어졌고, 그 틈에 위과는 적장을 사로잡아 목숨을 건질 수 있었어요. 그날 밤, 위과의 꿈에 한 노인이 나타났어요.
"나는 당신이 살린 여인의 아버지입니다. 풀을 엮어서라도 은혜를 갚았으니 다행입니다."
이후로 '풀을 엮어서 은혜를 갚는다'는 말은 죽어서도 은혜를 갚는다는 뜻이 되었답니다.

함께 쓸 수 있는 말 **각골난망** 刻骨難忘 뼈에 새겨질 정도로 잊지 못할 은혜.

結 맺을 결	ﾉ ﾑ ﾑ ﾄ ﾄ 糸 糸 糽 結 結 結 結				
	結	結			

草 풀 초	一 十 卝 卝 芒 芒 苩 苩 苩 草				
	草	草			

報 갚을 보	一 十 土 去 去 坴 幸 幸 剤 郣 報 報				
	報	報			

恩 은혜 은	ㅣ ㄇ ㅋ ㅋ 円 丙 因 因 恩 恩 恩				
	恩	恩			

結	草	報	恩		결	초	보	은

💬 배운 고사성어를 넣어 나만의 문장을 만들어 보세요.

권선징악 勸善懲惡

착한 일을 권장하고 나쁜 일을 벌한다

 예문으로 감잡기

1. 매번 친구들을 괴롭히던 상우가 더 힘센 친구에게 괴롭힘당하는 걸 보니 권선징악이라는 말이 생각나.

2. 간식을 동생과 나눠 먹기 싫어서 빨리 먹었더니 배탈이 났다. 이런 게 권선징악인가 보다.

3. 요즘에는 권선징악을 주제로 한 영화보다 매력적인 악당들이 나오는 영화가 재밌어.

권선징악이란 '착한(善) 일을 권장하고(勸) 나쁜(惡) 일을 벌한다(懲)'는 뜻이에요.

《콩쥐팥쥐》를 통해 권선징악을 알아봅시다. 콩쥐는 어머니를 잃고 계모와 의붓동생 팥쥐를 얻었어요. 아버지마저 돌아가시자 계모는 콩쥐를 부려먹었고 마을에 큰 잔치가 열렸던 날도 마찬가지였어요. 많은 이들의 도움으로 계모가 시킨 일을 마친 콩쥐는 잔치에 가서 원님을 만났고 원님과 혼인하게 됐어요. 팥쥐는 질투심에 콩쥐를 죽이고 얼굴을 다쳤다는 거짓말로 원님을 속인 후 자신이 콩쥐 행세를 했어요. 억울하게 죽은 콩쥐는 귀신이 되어 원님에게 진실을 알렸고 원님은 콩쥐의 시신을 찾아 살려낸 후 팥쥐를 죽여서 계모에게 보냈어요. 팥쥐의 시신을 확인한 계모는 충격을 받고 죽었답니다.

함께 쓸 수 있는 말 **사필귀정** 事必歸正 모든 일은 바른 이치대로 된다.

勸 권할 권	一 亅 艹 艹 苔 苔 萡 莅 萡 萡 帮 萉 葟 葟 葟 葟 萑 萑 勸 勸
善 착할 선	丶 丷 丷 놔 쏘 羊 羊 羔 差 善 善 善
懲 징계할 징	丿 彳 彳 彳 彳 行 征 征 徉 徨 徨 徵 徵 徵 懲 懲 懲
惡 악할 악	一 丆 亜 亜 亞 亞 亞 亞 亞 惡 惡 惡

| 勸 | 善 | 懲 | 惡 | 권 | 선 | 징 | 악 |

💬 배운 고사성어를 넣어 나만의 문장을 만들어 보세요.

동병상련 同病相憐

같은 처지에 있는 사람끼리 서로 가여워하다

 예문으로 감잡기

1. 그렇게 싫어하던 영수도 함께 고생했더니 왠지 모를 동병상련이 느껴졌어.

2. 나랑 영식이 둘 다 수학 시험에서 빵점을 맞고 선생님께 혼나는데 동병상련의 마음이 느껴졌어.

3. 우성이를 몰래 짝사랑하는 은지와 나는 동병상련의 마음을 느꼈다.

동병상련이란 '같은(同) 병(病)을 앓고 있는 사람들끼리 서로(相) 불쌍히 여긴다(憐)'는 뜻으로 같은 처지에 있는 사람끼리 서로 동정하고 돕는 모습을 말해요.

오자서는 비무기의 모함으로 가족을 잃고 초나라에서 오나라로 망명 온 사람이었어요. 어느 날 마찬가지로 비무기에게 가족을 잃은 백비가 오나라로 망명을 왔어요. 오자서의 친구인 피리가 백비는 위험한 사람이니 어울리지 말라고 하자 오자서는 이렇게 말했어요.

"그의 가족도 내 가족처럼 비무기에게 억울한 죽음을 맞았는데 어찌 외면할 수 있겠는가. '같은 병에는 서로 불쌍히 여겨 서로를 구하네'라는 시구도 있지 않은가."

하지만 훗날 백비는 오자서를 모함하여 죽게 하였답니다. 결국, 피리의 조언이 맞아떨어졌던 거지요.

同	丨 冂 冂 同 同 同				
한가지 동	同	同			

病	丶 亠 广 广 疒 疒 疒 病 病 病				
병 병	病	病			

相	一 十 十 オ 木 朾 相 相 相 相				
서로 상	相	相			

憐	丶 丶 忄 忄 忄 忄 忄 忄 忄 愣 愣 愣 愣 憐				
불쌍히여길 련	憐	憐			

同	病	相	憐	동	병	상	련

💬 배운 고사성어를 넣어 나만의 문장을 만들어 보세요.

모순 矛盾

말이나 행동의 앞뒤가 맞지 않음

 예문으로 감잡기

1. 엄마는 강아지를 예뻐하면서 책임지지 않는 것은 모순이라며 혼내셨다.

2. 부모님이 나를 사랑한다면서 내가 싫어하는 공부를 강요하는 것은 모순이야.

3. 어른들도 일하기 싫으면서 왜 우리에게 공부를 시킬까? 정말 모순이야.

모순이란 '어떤 것도 뚫을 수 있는 창(矛)과 어떤 것도 막을 수 있는 방패(盾)'라는 뜻으로, 이치에 맞지 않는 일이나 의견을 말해요.

한 상인이 창과 방패를 들고 이렇게 말했어요.

"이 창은 어떤 방패도 뚫을 수 있을 정도로 날카롭고, 또 이 방패는 어떤 창도 막아낼 수 있을 정도로 단단합니다. 이런 창과 방패를 사지 않는다면 손해일 것입니다."

사람들이 감탄하며 너도나도 창과 방패를 사려 하던 중 한 사람이 물었어요.

"모든 방패를 뚫을 수 있는 창이 모든 창을 막을 수 있는 방패를 찌르면 어찌 되오?"

상인은 아무 말도 할 수 없었어요. 이처럼 이치에 맞지 않는 것을 말할 때 창과 방패 이야기를 따서 '모순'이라고 말하게 됐답니다.

ㄱ ㄲ ㅘ 矛 矛

矛 창 모

矛 矛

一 厂 厂 斤 斤 盾 盾 盾 盾

盾 방패 순

盾 盾

ㄱ ㄲ ㅘ 矛 矛

矛 창 모

矛 矛

盾 방패 순

一 厂 厂 斤 斤 盾 盾 盾 盾

盾 盾

矛 盾　　　모 순

💬 배운 고사성어를 넣어 나만의 문장을 만들어 보세요.

사면초가 四面楚歌

사방이 적으로 포위된 위험한 상황

 예문으로 감잡기

1. 학원을 땡땡이치고 놀다가 집에 갔더니, 엄마와 아빠가 회초리를 들고 사면초가로 막아섰다.

2. 숙제도 잔뜩 밀려 있는데 쪽지 시험이라니, 정말 사면초가에 빠진 격이야.

3. 반 대항 피구시합에서 상대편의 막강한 공격력에 우리 반은 사면초가에 빠졌다.

사면초가란 '사면(四面)에서 초나라(楚) 노래(歌)가 들려온다'는 뜻으로 사방이 적으로 둘러싸여 있는 위험한 상황을 말하는 고사성어예요.

한나라 군대가 초나라 항우의 군대를 점점 조여 오던 어느 날 밤, 사방에서 초나라 노래가 들려오기 시작했어요. 병사들은 그리운 고향 노래에 동요하기 시작했고 항우마저 마음이 흔들렸어요. 이런 점을 노리고 한나라 장수가 초나라 포로들에게 시킨 것이었죠.

"한나라가 초나라를 장악했구나. 저렇게 많은 초나라 사람들이 붙잡혀 있단 말인가!"

항우는 패배를 직감했고 얼마 지나지 않아 스스로 목숨을 끊었답니다.

[함께 쓸 수 있는 말] **진퇴양난** 進退兩難 나아갈 수도 물러설 수도 없는 난감한 상황.

四 넉 사	ㅣ 冂 冂 四 四				
	四	四			

面 낯 면	一 一 丆 币 而 而 面 面				
	面	面			

楚 초나라 초	一 十 ォ 木 ホ 朴 材 林 棥 棥 棥 棥 楚				
	楚	楚			

歌 노래 가	一 一 丆 可 可 可 哥 哥 哥 哥 歌 歌				
	歌	歌			

四	面	楚	歌	사	면	초	가

💬 배운 고사성어를 넣어 나만의 문장을 만들어 보세요.

연목구어 緣木求魚

불가능한 일을 고집하는 어리석은 태도

 예문으로 감잡기

1. 개학 전 이틀 동안 방학숙제를 모두 할 수 있다고 생각해? 정말 연목구어적인 생각이야.

2. 다이어트 약을 먹고 살을 **빼려고** 하다니. 연목구어라는 고사성어도 몰라?

3. 노아가 높은 산 위에 방주를 짓는 것을 보고 사람들은 연목구어라며 비난했겠지?

연목구어란 '나무(木)에 올라(緣) 물고기(漁)를 구한다(求)'라는 뜻으로 목적과 수단이 맞지 않아 이루어질 수 없는 일을 고집하는 것을 뜻하는 말이에요.

제나라의 선왕이 패도정치(힘으로 다스리는 정치)에 관해 묻자 맹자는 이렇게 되물었어요.
"왕께서는 맛있는 음식이나 아름다운 옷, 재물, 음악 등이 모자라서 더 갖고 싶으십니까?"
선왕은 고개를 가로저었어요. 그러자 맹자는 이렇게 조언했어요.
"그렇다면 힘으로 천하를 호령하길 원하시는군요. 하지만 힘으로 나라를 다스리는 것은 나무에서 물고기를 잡으려는 것처럼 목적과 수단이 맞지 않는 일이니 다시 생각해보십시오."

| 緣
인연 연 | ` ` ` ` ` ` ` ` ` ` ` ` ` 緣 緣 緣
緣 緣 | | | | |

| 木
나무 목 | 一 十 才 木
木 木 | | | | |

| 求
구할 구 | 一 十 寸 才 求 求 求
求 求 | | | | |

| 漁
고기잡을 어 | ` ` ` ` ` ` 角 角 魚 魚 魚 魚
漁 漁 | | | | |

| 緣 | 木 | 求 | 漁 | | 연 | 목 | 구 | 어 |

💬 배운 고사성어를 넣어 나만의 문장을 만들어 보세요.

오리무중 五里霧中

어떤 일에 대하여 알 길이 없다

예문으로 감잡기

1. 올해 학생회장이 누가 될지 아직 오리무중이야.

2. 정말 수학이란 과목은 공부하면 공부할수록 오리무중에 빠지는 거 같아.

3. 집 근처에서 일어난 살인사건 용의자의 행방이 아직 오리무중이래.

'사방 오(五) 리(里)를 덮은 안개(霧) 속(中)'에 있다면 어떨까요? 뭐가 뭔지 알 수 없겠죠?
오리무중이란 사물의 행방이나 상황을 전혀 알 수 없을 때 쓰는 말이에요.

학문과 도술이 뛰어난 장해라는 선비가 있었어요. 그는 귀찮은 것을 싫어해서 벼슬도 거절하고 고향으로 낙향
했지만 그의 집 앞에는 가르침을 얻으려는 사람들로 북적였어요. 결국, 그는 산 속으로 숨어 자신을 찾을 수 없
도록 사방 오 리를 안개로 뒤덮어 버렸어요. 그 후, 아무도 장해를 찾을 수 없었으며 사람들은 이 안개를 '오리
무'라고 칭했어요. 이후 '오리무'에 들어간 것처럼 아무것도 찾을 수 없고 갈피를 알 수 없을 때 '오리무중'이라
는 말을 쓰게 됐답니다.

五 다섯 오	一 丁 五 五 五　五
里 마을 리	丨 口 曰 日 甲 甲 里 里　里
霧 안개 무	一 厂 厂 币 乖 乖 雨 雨 雺 雺 霏 霏 霖 霖 霧 霧 霧 霧　霧
中 가운데 중	丨 口 口 中 中　中

| 五 | 里 | 霧 | 中 | | 오 | 리 | 무 | 중 |

💬 배운 고사성어를 넣어 나만의 문장을 만들어 보세요.

입신양명 立身揚名

사회적으로 인정받고 출세하여 이름을 떨치다

 예문으로 감잡기

1. 맹자의 어머니는 아들의 입신양명을 위해 세 번이나 이사했대. 그래서 '맹모삼천지교'라는 말이 생겨났지.

2. 엄마는 드라마를 보면서 입신양명을 위해 사랑하는 여자를 버린 남자 주인공을 비난하셨다.

3. 입신양명해서 부모님에게 꼭 효도해야지!

입신양명이란 '몸(身)을 일으켜 세워(立) 이름(名)을 날리다(揚)'는 뜻으로 사회적으로 인정받고 출세하여 이름을 떨친다는 의미예요.

조선 최고의 과학자 장영실을 통해 알아봅시다. 장영실은 노비였지만 실력을 인정받아 궁중기술자로 일할 수 있었어요. 그는 해시계 앙부일구와 자동 물시계 자격루, 강우량을 측정하는 측우기, 천체의 운행을 관측하는 혼천의를 만드는 등 많은 과학적 업적을 세웠어요. 세종대왕은 장영실에게 벼슬을 내려 노비 신분에서 벗어나게 해주었어요. 비록 임금이 탈 가마를 만드는 중 일이 생겨 파면되었지만, 신분제도가 엄격한 조선 시대에 노비 출신이 종3품 벼슬까지 올랐다는 것은 그의 업적이 대단해서 사회적으로 인정받아 입신양명했음을 알려준답니다.

立
설 립

丶 亠 亠 立 立

立 立

身
몸 신

丿 丿 刀 月 自 身 身

身 身

揚
날릴 양

一 十 扌 扌 扩 护 护 护 护 拐 揚 揚

揚 揚

名
이름 명

丿 夕 夕 夕 名 名

名 名

立 身 揚 名   입 신 양 명

💬 배운 고사성어를 넣어 나만의 문장을 만들어 보세요.

자업자득 自業自得

자신이 저지른 잘못을 자신이 되돌려 받는다

 예문으로 감잡기

1. 혼자서만 간식을 먹더니 결국 배탈이 났군. 다 자업자득이야.

2. 살려달라는 양치기 소년의 말을 아무도 들어주지 않았어. 여러 번의 거짓말로 사람들을 속인 소년의 자업자득이었지.

3. 그렇게 숙제를 해오라고 당부했는데 배짱부리더니 결국 선생님에게 혼났구나? 자업자득이야!

자업자득이란 '자신(自)이 저지른 잘못(業)을 자신(自)이 되돌려 받는다(得)'는 뜻이에요.

조선의 왕이었지만 폐위된 연산군을 통해 알아봅시다. 연산군은 어머니의 죽음에 불만을 품은 데다 강력한 왕권을 원했기 때문에 많은 신하를 숙청하는 무오사화로 일으켰어요. 이후, 연산군은 사치와 향락을 일삼고 죄 없는 사람들을 마구잡이로 죽였어요. 어머니의 죽음에 관여했던 아버지의 후궁들과 인수대비를 죽인 후, 250여 명의 신하를 숙청하는 갑자사화도 일으켰어요. 결국, 정변이 일어났고 연산군은 폐위되어 강화도로 쫓겨난 지 2달 만에 역병으로 목숨을 거두었으니 자업자득을 맞았다고 볼 수 있겠지요.

[함께 쓸 수 있는 말] **인과응보** 因果應報 좋은 일에는 좋은 결과가, 나쁜 일에는 나쁜 결과가 따른다.

自
스스로 자

業
업 업

自
스스로 자

得
얻을 득

' ' 自 自 自 自

自　自

' ' ' 业 业 业 业 业 业 业 業 業

業　業

' ' 自 自 自 自

自　自

' ' ' ' 彳 彳 彳 彳 得 得 得

得　得

自 業 自 得　자 업 자 득

🗨️ 배운 고사성어를 넣어 나만의 문장을 만들어 보세요.

정중지와 井中之蛙

우물 안 개구리

 예문으로 감잡기

1. 세상 물정 모르는 널 보니 정중지와라는 고사성어가 생각나.

2. 조선은 전 세계가 근대화되어갈 때 도리어 통상수교거부정책을 펼치는 정중지와 식의 행동을 했어.

3. 몇천 년 전 사람들은 지구가 네모나다고 생각했대. 오히려 지구가 둥글다고 말하는 사람들을 탄압했으니 딱 정중지와 꼴이지!

정중지와란 '우물(井) 안(中) 개구리(蛙)'라는 뜻으로 식견과 경험이 부족하여 제대로 알지 못하는 모습을 뜻해요.

신나라의 마원은 명을 받아 옛 친구인 공손술의 됨됨이를 알아보러 갔어요. 하지만 공손술은 옛 친구인 마원에게 거들먹거리며 오만하게 굴었고 마원은 돌아가 사람들에게 말했어요.

"공손술은 좁은 자신의 나라에서 제 잘난 줄 아는 우물 안 개구리였습니다. 그는 어리석은 사람이니 함께 하지 않는 것이 좋겠습니다."

이야기를 들은 사람들은 공손술과 동맹을 맺지 않았어요. 이처럼 세상 물정은 모르고 자신이 잘난 줄 알 거나, 식견이 부족한 사람을 말할 때 '정중지와'라는 말을 쓰게 됐답니다.

함께 쓸 수 있는 말 **안하무인** 眼下無人 다른 사람을 업신여기며 건방지다.

井 우물 정	一 二 丰 井				
	井	井			

中 가운데 중	丶 冂 口 中				
	中	中			

之 갈(~의) 지	丶 亠 ㇈ 之				
	之	之			

蛙 개구리 와	丶 冂 口 中 虫 虫 虫 虹 蚌 蚌 蚌 蛙				
	蛙	蛙			

井	中	之	蛙		정	중	지	와

💬 배운 고사성어를 넣어 나만의 문장을 만들어 보세요.

주마간산 走馬看山

자세히 보지 않고 대충 훑어보고 지나친다

예문으로 감잡기

1. 그렇게 주마간산 식으로 책을 대충 읽으니까 기억나는 게 하나도 없지!

2. 그 애는 매사에 주마간산이라 제대로 마무리하는 게 하나도 없어.

3. 가끔은 바쁜 일상에서 벗어나 목적 없는 여행을 떠나는 건 어때? 모든
   걸 눈에 담으려 하지 말고 주마간산하며 말이야.

주마간산이란 '말(馬)을 타고 달리면서(走) 산(山)을 바라본다(看)'는 뜻으로 달리는 말 위에서 자세히 보지 못하는 것처럼 대강대강 훑어본다는 말이에요.

'주마간산'은 '주마간화(走馬看花)'에서 유래된 말로 본래의 뜻은 달랐어요.
지난날 궁색할 때는 자랑할 것 없더니 오늘 아침에는 우쭐하여 생각에 거칠 것이 없어라
봄바람에 뜻을 얻어 세차게 말을 모니 하루 만에 장안의 꽃을 다 보았네
중국 당나라의 맹교라는 시인이 과거 급제 전후의 세상대우나 마음이 다르다는 것을 말하는 시예요. '하루 만에 장안의 꽃을 다 보았네'라며 세상을 비웃던 '주마간화'가 '주마간산'으로 바뀌어 오늘날에는 '대충 보고 지나친다'는 의미로 통하게 되었답니다.

[함께 쓸 수 있는 말] 수박 겉핥기.

走 달릴 주	一 十 土 キ キ 走 走				
	走	走			

馬 말 마	丨 厂 Г 厂 厓 馬 馬 馬 馬 馬				
	馬	馬			

看 볼 간	一 二 三 手 手 看 看 看 看				
	看	看			

山 뫼 산	丨 山 山				
	山	山			

走	馬	看	山	주	마	간	산

💬 배운 고사성어를 넣어 나만의 문장을 만들어 보세요.

타산지석 他山之石

다른 사람의 잘못된 행동에서도 배울 점이 있다

 예문으로 감잡기

1. 정리정돈을 하지 않는다고 엄마에게 혼나는 아빠를 타산지석 삼아 청소를 깨끗이 해야겠다.

2. 우리 오빠는 매번 말썽을 피워서 부모님 속을 썩여. 오빠를 타산지석 삼아서 부모님 속 썩이지 않는 착한 딸이 될 거야.

3. 이번 중간고사 결과를 타산지석 삼아서 더 열심히 공부할거야.

타산지석이란 '다른(他) 산(山)에 있는 돌(石)'도 나의 옥을 가는 데 큰 도움이 된다는 뜻으로, 다른 사람의 실수나 결점을 교훈 삼아 발전할 수 있다는 의미랍니다.

《시경》에 이런 구절이 있어요.

他山之石 可以攻玉 타산지석 가이공옥

다른 산의 못생긴 돌멩이라도 옥을 갈 수 있다네

못난 사람을 돌멩이에 비유하고, 훌륭한 사람을 옥에 비유하여 훌륭한 사람도 못난 사람의 어리석은 행동에서 배움을 얻을 수 있다는 뜻이랍니다.

함께 쓸 수 있는 말 **반면교사** 反面教師 다른 사람의 잘못을 거울로 삼아 가르침을 얻는다.

他
다를 타

ノ イ 仲 他 他

他 他

山
뫼 산

l 山 山

山 山

之
갈(~의) 지

ヽ 亠 ナ 之

之 之

石
돌 석

一 丆 丆 石 石

石 石

他 山 之 石   타 산 지 석

💬 배운 고사성어를 넣어 나만의 문장을 만들어 보세요.

형설지공 螢雪之功

어려운 처지에도 포기하지 않고 공부하는 자세

 예문으로 감잡기

1. 할머니는 그 어려운 시절에 형설지공하셔서 대학까지 나오셨다.

2. 엄마! 공부할 때뿐만 아니라 놀 때도 형설지공하는 자세가 필요하다고요!

3. 형설지공의 마음으로 공부하면 이번 중간고사에서 만점을 받을 수 있을 거야.

형설지공이란 '반딧불(螢)과 눈(雪)빛으로 공부하여 얻는 공(功)'이라는 뜻으로 어려운 처지에도 포기하지 않고 공부하는 자세를 일컫는 말이에요.

중국 진나라에 손강과 차윤이 있었어요. 둘 다 성품이 바르고 공부를 잘했지만 집이 가난해서 등불을 밝힐 기름을 살 수 없었어요. 그래서 손강은 겨울이면 쌓인 눈에 반사되는 달빛에 의지하여 책을 읽었고 차윤은 여름이면 주머니에 반딧불을 수십 개씩 담아 그 빛으로 책을 읽었어요. 힘든 상황에도 포기하지 않고 공부한 둘은 훗날 벼슬길에 올라 입신양명했어요. 이후, 어려운 처지에도 포기하지 않고 공부하는 자세를 '반딧불과 눈빛으로 얻은 공', '형설지공'이라 불렀어요.

함께 쓸 수 있는 말 **주경야독** 晝耕夜讀 낮에는 밭을 갈고 밤에는 공부한다.
어려운 상황 속에서도 꿋꿋이 공부하는 모습.

螢 반딧불이 형	` ´ `` * ** *** ``` ``` ``` ``` ``` ``` ``` ``` 螢 螢
雪 눈 설	ー 厂 厂 尿 雨 雪 雪 雪 雪 雪 雪
之 갈(~의) 지	` 亠 ゝ 之
功 공 공	ー 丁 工 功 功

螢 雪 之 功　형 설 지 공

💬 배운 고사성어를 넣어 나만의 문장을 만들어 보세요.

73

> **보기**
>
> 감탄고토 입신양명 동병상련 주마간산 연목구어
>
> 형설지공 오리무중 모순 결초보은 자업자득
>
> 각주구검 정중지와 권선징악 사면초가 타산지석

★ **보기에서 알맞은 고사성어를 찾아 빈칸에 써 보세요.**

1   내 동생은 언제쯤 ☐☐☐☐ 하는 식으로 편식하는 습관을 고칠지 모르겠어.

2   정은아 네가 내 시험공부를 도와준다면 꼭 ☐☐☐☐ 할 텐데.

3   〈콩쥐팥쥐〉는 ☐☐☐☐ 을 주제로 한 대표적인 이야기야.

4   시험을 하루 앞둔 우리의 심정은 ☐☐☐☐ 나 다름없어.

5   며칠 전에 집을 나간 희찬이의 행방이 아직 ☐☐☐☐ 이래.

6   매번 우리 간식을 뺏어 먹더니! 네가 배탈이 난 건 ☐☐☐☐ 이야.

7   감기에 걸려 병원에 간 동생과 나는 주사를 맞을 생각에 벌벌 떨며 ☐☐☐☐ 의 심정을 느꼈다.

★ 고사성어의 뜻에 도착할 수 있도록 사다리를 타 보세요.

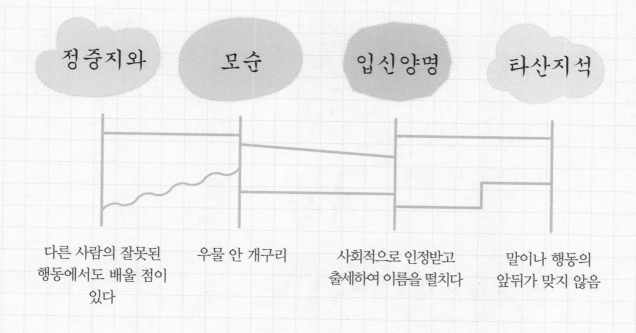

정중지와   모순   입신양명   타산지석

다른 사람의 잘못된 행동에서도 배울 점이 있다   우물 안 개구리   사회적으로 인정받고 출세하여 이름을 떨치다   말이나 행동의 앞뒤가 맞지 않음

★ 미래에 친구들이 꿈을 이루어 입신양명한 모습을 그려 보세요.

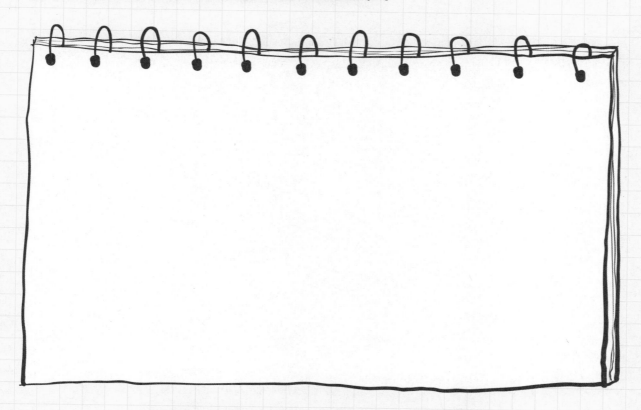

만점으로 가는 지름길!

3장에서는 일상에서 자주 쓰이면서도 수준 높은 고사성어를 다루고 있어요.
고사성어 시험이 식은 죽 먹기가 되도록 함께 공부해 봅시다.

체크 리스트

그날그날 배운 고사성어를
체크하면서 학습 진도를
한눈에 알아볼 수 있어요!

개과천선 改過遷善

과거의 잘못을 고치고 착하게 변하다

 예문으로 감잡기

1. 8반 영훈이 말이야. 매일 말썽만 부리더니 갑자기 개과천선했던데?

2. 이번 시험까지 꼴등을 할 순 없지. 우리 모두 개과천선해서 일등을 노려보자!

3. 시키지 않아도 꼬박꼬박 숙제하는 걸 보니 우리 아들이 개과천선했구나!

개과천선이란 '과거(過)의 잘못을 고치고(改) 착하게(善) 거듭난다(遷)'는 의미예요.

진나라에 마을 사람들을 괴롭히고 다니는 주처라는 사람이 살았어요. 세월이 흘러 주처가 잘못을 뉘우치고 착하게 살고자 했지만 사람들은 주처를 쉽게 믿어주지 않았어요. 풀이 죽은 주처가 육기, 육운 형제를 만나 고민을 털어놓자 육운이 이렇게 말했어요.

"자네가 마음을 다잡고 지난 허물을 고쳐 착한 사람이 된다면 결국 사람들은 자네의 진심을 믿어줄 걸세."

주처는 마음을 다잡아 행동을 바르게 하고 학문을 닦아 사람들에게도 인정받는 유명한 대학자가 되었어요.

함께 쓸 수 있는 말 **환골탈태** 換骨奪胎 뼈를 바꾸고 태를 뺄 정도로 모습이 달라지다.

○○ 월 ○○ 일

改
고칠 개

ㄱ ㄱ ㄱ ㄹ 丏 改 改 改

改 改

過
지날 과

丨 冂 冂 冂 冎 咼 咼 咼 渦 渦 渦 過

過 過

遷
옮길 천

一 一 冂 冂 西 西 覀 奧 粟 巻 巻 巻 巻 遷

遷 遷

善
착할 선

丷 丷 丷 畦 畦 羊 羊 羊 盖 善 善 善

善 善

改 過 遷 善   개 과 천 선

💬 배운 고사성어를 넣어 나만의 문장을 만들어 보세요.

계륵 鷄肋

쓸모는 적으나 버리기는 아까운 것

 예문으로 감잡기

1. 살 빼서 입으려고 아껴둔 옷이 유행이 지나가버려서 계륵이 됐어.

2. 다이어트를 하겠다고 비싼 돈을 주고 산 운동기구는 며칠 지나지 않아 공간만 차지하는 계륵 신세가 되었다.

3. 우리 학교엔 훌륭한 운동장이 있지만 사용할 수 없어서 계륵이나 마찬가지다.

계륵이란 '닭(鷄)의 갈비(肋)'라는 뜻으로, 큰 쓸모나 이익은 없으나 버리기는 아까운 것을 말한답니다.

삼국시대, 조조는 한중성을 두고 유비와 큰 전투를 벌였지만, 전투가 길어지자 고민에 빠졌어요. 어느 날 밤, 한 장수가 그 날의 암호를 묻자 조조는 식사로 나온 닭갈비를 보며 '계륵'으로 하라고 말했어요. 이야기를 들은 양수라는 장수가 짐을 꾸리며 말했어요.

"닭의 갈비는 양은 적지만 버리기는 아까운 것입니다. 조조께서 이번 전투를 계륵과 마찬가지로 생각하고 계신 것이 아니겠습니까. 조만간 철수를 명하실 겁니다."

양수의 말에 장수들은 같이 짐을 꾸렸어요. 며칠 지나지 않아 조조는 양수의 말대로 철수를 명했답니다.

鷄
닭 계

丶 丶 ノ 爫 爫 爫 爫 爫 爫 爫 爫 爫 爫 鷄 鷄 鷄 鷄 鷄 鷄

鷄　鷄

肋
갈빗대 륵

丿 几 月 月 肋 肋

肋　肋

鷄
닭 계

丶 丶 ノ 爫 爫 爫 爫 爫 爫 爫 爫 爫 爫 鷄 鷄 鷄 鷄 鷄 鷄

鷄　鷄

肋
갈빗대 륵

丿 几 月 月 肋 肋

肋　肋

鷄　肋　　　계　륵

🗨 배운 고사성어를 넣어 나만의 문장을 만들어 보세요.

과유불급 過猶不及

지나침은 모자람과 같다

 예문으로 감잡기

1. 공부를 너무 많이 하면 과유불급이라고 엄마에게 말했다가 혼이 났다.

2. 영수가 좋아하는 아이에게 잘 보이기 위해 한껏 차려입고 나왔는데 아무리 봐도 과유불급 같다.

3. 뷔페를 가서 양껏 먹고 왔더니 배가 터질 것 같다. 과유불급이었나 보다.

과유불급이란 '지나침(過)은 오히려(猶) 미치지(及) 못한(不) 것과 같다'라는 뜻이에요.

어느 날 자장이라는 제자가 공자에게 말했어요.

"스승님, 저는 신하가 되어도 제 이름이 널리 퍼졌으면 좋겠습니다."

"신하가 되어 네 이름을 알리는 것보다 신하가 되어 잘못된 일을 하지 않는 것이 중요하단다."

공자는 자장의 말에 대답해준 후, 다른 제자인 자하에게도 말했어요.

"지식을 얻는 일에만 매달리지 말고 스스로의 수양에 힘쓰는 큰 사람이 되어야 한다."

그때, 자공이라는 제자가 자장과 자하 중 누가 더 나은지 묻자 공자는 이렇게 말했어요.

"자장은 지나치고 자하는 미치지 못하니 누가 더 뛰어나고 모자란 것이 없이 똑같구나."

반대로 쓸 수 있는 말 **다다익선** 多多益善 많으면 많을수록 좋다.

○○ 월 ○○ 일

過	丨 冂 冂 冎 冎 咼 咼 咼 咼 ˋ 渦 渦 渦 過				
지날 과	過	過			

猶	ノ ̇ ̇ ̇ ̇ ̇ ̇ ̇ ̇ ̇ ̇ 犭 犭 犭 犷 犷 猶 猶 猶				
오히려 유	猶	猶			

不	一 ア 不 不				
아닐 불	不	不			

及	ノ ア 乃 及				
미칠 급	及	及			

過	猶	不	及	과	유	불	급

💬 배운 고사성어를 넣어 나만의 문장을 만들어 보세요.

군계일학 群鷄一鶴

평범한 사람 중에서 유독 뛰어난 한 사람

 예문으로 감잡기

1. 학부모 참관 수업에 오신 부모님 중 우리 엄마가 단연 군계일학이다.

2. 군계일학이라는 말은 내가 좋아하는 수정이를 위한 말이다.

3. 축구선수처럼 운동장을 누비는 영훈이의 모습은 군계일학이었다.

군계일학이란 '닭(鷄)의 무리(群) 속 한 마리(一)의 학(鶴)'처럼, 유독 뛰어난 사람을 일컫는 말이에요.

위진 시대, 혜소라는 청년은 학문을 열심히 익혔지만 아버지의 누명 때문에 관직에 오를 수 없었어요. 이를 안타깝게 여긴 산도가 황제에게 혜소의 사연을 말하며 아버지의 누명을 풀어줄 것을 간청했고 황제는 받아들였어요. 마침내 혜소가 궁으로 들어가는 날, 누군가 그 모습을 보고 말했어요.

"군중 속에 있는 혜소를 보았는데, 그의 모습이 마치 닭의 무리 속 한 마리 학과 같았다네."

이후, 수많은 사람 가운데 뛰어난 한 사람을 말할 때 '군계일학'이라는 말을 쓰게 되었답니다.

함께 쓸 수 있는 말 **발군** 拔群 여럿 가운데 특별히 뛰어남.　**백미** 白眉 여럿 가운데 가장 뛰어남.

群
무리 군

ㄱ ㄱ ㅋ 尹 君 君 君 君 君ˊ 群 群ˊ 群ˊ 群

群 群

鷄
닭 계

鷄 鷄

一
한 일

一

一 一

鶴
학 학

鶴 鶴

群 鷄 一 鶴　　군 계 일 학

💬 배운 고사성어를 넣어 나만의 문장을 만들어 보세요.

근묵자흑 近墨者黑

나쁜 사람을 가까이하면 나쁘게 물들기 쉽다

 예문으로 감잡기

1. 아빠는 우리에게 놀러 간다고 약속하고는 매번 지키지 않는 거짓말쟁이다. 근묵자흑이라고 나도 거짓말쟁이가 될 수 있으니 어울리지 말아야겠다.

2. 근묵자흑이라고 나쁜 친구와 놀면 안 돼.

3. 친구가 나와 어울릴 때, 근묵자흑이라는 말을 듣지 않도록 바른 친구가 되어야겠다.

근묵자흑이란 '먹(墨)을 가까이(近)하다 보면 자신도 모르게 검게(黑) 된다(者)'는 뜻으로, 사람도 환경에 따라 변할 수 있다는 것을 비유한 말이에요.

어느 날 부처님이 길가에 떨어진 종이와 새끼줄을 보고 제자에게 어떤 용도로 쓰였는지 물었어요. 제자는 종이에 향긋한 냄새가 나니 향을 쌌던 종이인 것 같으며, 새끼줄은 비린내가 나니 생선을 묶었던 줄인 거 같다고 말했어요. 그러자 부처님이 제자들에게 말씀하셨어요.

"사람을 사귀는 일도 다를 바 없느니라. 향냄새 나는 사람과 사귀면 나도 향이 나고, 비린내 나는 사람과 사귄다면 나도 비린내가 날 것이다. 어질고 덕이 많은 사람을 가까이하고 어리석고 악한 사람을 멀리하여야 한다."

함께 쓸 수 있는 말 까마귀 노는 곳에 백로야 가지 마라.

近 가까울 근	 近 近
墨 먹 묵	墨 墨
者 놈 자	者 者
黑 검을 흑	黑 黑

| 近 | 墨 | 者 | 黑 | 근 | 묵 | 자 | 흑 |

배운 고사성어를 넣어 나만의 문장을 만들어 보세요.

금상첨화 錦上添花

좋은 것 위에 좋은 것을 더한다

예문으로 감잡기

1. 어린이날이라 학교도 안 가고 게임기까지 선물 받다니 정말 금상첨화다!

2. 오늘 같은 날 숙제까지 없다면 정말 금상첨화일 텐데…

3. 떡을 노릇노릇 구워서 꿀에 찍어 먹으면 그야말로 금상첨화지.

금상첨화란 '비단(錦) 위(上)에 꽃(花)을 더한다(添)'는 뜻으로 좋은 것에 더 좋은 것을 더하여 뛰어난 것을 만들거나 좋은 일이 겹쳐질 때를 말해요.

옛날, 볼에 혹을 단 혹부리영감이 있었어요. 어느 날, 혹부리영감이 산에서 노래를 부르자 도깨비들이 나타나 노래를 잘 부르는 비결을 알려달라고 했어요. 혹부리영감은 노래가 혹에서 나온다고 농담을 했고 진짜인 줄 안 도깨비들은 혹을 가져가며 대신 금은보화를 주고 갔어요. 혹도 떼고 금상첨화로 보물도 얻은 혹부리영감 얘기를 들은 마을의 또 다른 혹부리영감은 똑같이 산에서 노래를 부른 뒤 도깨비들에게 혹과 보물을 바꾸자고 했어요. 하지만 도깨비들은 이번엔 속지 않겠다며 다른 볼에 혹을 하나 더 붙여버렸어요. 설상가상으로 욕심쟁이 혹부리영감의 혹은 두 개가 되었답니다.

반대로 쓸 수 있는 말 **설상가상** 雪上加霜 어렵고 불행한 일이 거듭 일어난다.

錦
비단 금

ノ ト ト ヒ 牟 牟 金 金 釣 釘 鈞 鈞 鈞 錦 錦

錦 錦

上
위 상

丨 卜 上

上 上

添
더할 첨

ヽ ヽ ミ ミ 汇 泛 沃 沃 添 添 添 添

添 添

花
꽃 화

一 十 艹 芍 芢 芢 花 花

花 花

錦 上 添 花　금 상 첨 화

💬 배운 고사성어를 넣어 나만의 문장을 만들어 보세요.

난공불락 難攻不落

공격하기 어려워 쉽게 함락되지 않음

 예문으로 감잡기

1. 축구시합에서 5연승을 한 난공불락의 1반을 과연 이길 수 있을까?

2. 아빠는 난공불락인 엄마의 마음을 얻기 위해 매일 꽃을 선물했다고 하셨다.

3. 엄마, 백 점이란 점수는 저한테 난공불락이에요!

난공불락이란 '공격(攻)하기 어렵고(難) 쉽게 함락(落)되지 않는(不)' 장소나 인물 등을 뜻해요.

제갈량은 유비의 군사로, 뛰어난 전략을 짰던 인물이었어요. 제갈량은 진창성을 정복하기 위해 20만 군사를 이끌고 갔어요. 진창성의 병사는 불과 천 명뿐이었기 때문에 그는 쉽게 이길 수 있다고 생각했어요. 하지만 진창성의 장군 학소는 제갈량의 계책을 백이면 백 모두 간파해서 역공격했어요. 결국 제갈량은 군대를 후퇴시키며 이렇게 말했어요.

"학소가 지키는 진창성이 바로 난공불락이구나."

이후, '난공불락'은 공격하기 어렵고 쉽게 함락되지 않는 것을 말하는 고사성어가 되었답니다.

難 어려울 난

一 十 廿 艹 芺 芺 芺 芏 堇 菫 菫 蓳 蓳 蓳 蓳 蓳 蓳 難

難 難

攻 칠 공

一 丁 工 工 攻 攻 攻

攻 攻

不 아닐 불

一 ア 不 不

不 不

落 떨어질 락

一 十 艹 艹 艹 艹 莎 莎 莎 茨 落 落

落 落

難 攻 不 落　難 攻 不 落

난 공 불 락

배운 고사성어를 넣어 나만의 문장을 만들어 보세요.

대기만성 大器晚成

큰 사람이 되기 위해선 많은 노력과 시간이 필요하다

 예문으로 감잡기

1. 시험점수를 보고 화가 난 엄마에게 나는 대기만성형 인물이니 조금만 기다려보라고 떵떵거렸다가 꿀밤을 맞았다.

2. 예순이 넘어 첫 소설을 펴낸 우리 할머니는 대기만성형 인물이셔.

3. 차근차근 유비무환하면서 노력하면 대기만성할 수 있을 거야.

대기만성이란 '큰(大) 그릇(器)은 늦게(晚) 만들어진다(成)'는 뜻으로, 큰 사람이 되기 위해서는 많은 노력과 시간이 필요하다는 말이에요.

위나라에 최 염이라는 장군이 있었어요. 그에게는 사촌동생 최 림이 있었는데 몸집이 작고 느려서 친척들에게 구박을 받았어요. 하지만 최 염은 최 림에게 재능이 있다고 믿었어요.

"큰 종이나 솥은 쉽게 만들어지는 것이 아니란다. 마찬가지로 사람도 큰 인물이 되려면 오랜 시간이 걸리는 법이지. 너는 대기만성형 인물이니 노력하면 큰 인물이 될 수 있을 것이다."

최 림은 그 말을 듣고 감동하여 더욱 열심히 노력했고, 훗날 재상의 자리까지 오를 수 있었어요. 이후로 오랜 시간 노력한 후 성공한 사람을 말할 때 '대기만성'이라는 말을 쓰게 됐답니다.

[함께 쓸 수 있는 말] **호사다마** 好事多魔 좋은 일에는 방해되는 일이 많다.

| 大 큰 대 | 一 ナ 大 |
| 大 | 大 |

| 器 그릇 기 | ｜ ｜ ｜ ｜ ｜ ｜ ｜ ｜ ｜ ｜ ｜ 器 器 器 器 |
| 器 | 器 |

| 晚 늦을 만 | ｜ ｜ ｜ ｜ ｜ ｜ ｜ ｜ ｜ 晚 |
| 晚 | 晚 |

| 成 이룰 성 | ｜ ｜ ｜ 成 成 成 |
| 成 | 成 |

大 器 晚 成　　대 기 만 성

배운 고사성어를 넣어 나만의 문장을 만들어 보세요.

부화뇌동 附和雷同

자기 생각이나 주장 없이 남의 의견에 따른다

 예문으로 감잡기

1. 영지가 줏대 없이 친구들의 말에 부화뇌동하는 모습이 안타까워.

2. 반장 선거를 할 때, 다른 친구의 의견에 부화뇌동하지 말고 소신껏 투표에 임해야 해요.

3. 경우는 주위 친구들의 말에 부화뇌동하지 않고 초지일관으로 연습하더니 피아노 콩쿠르에서 좋은 점수를 받았다.

부화뇌동이란 우레(雷) 소리에 맞추어 세상이 함께(同) 울린다는 뜻의 뇌동(雷同)과 자기 생각 없이 남의 의견에 따른다는 부화(附和)가 합쳐져 만들어진 말이에요.

옛날에 가난하지만 착한 흥부와 부자지만 심술궂은 놀부 형제가 있었어요. 어느 날, 흥부가 다리가 부러진 제비를 발견하고 다리를 동여매어 고쳐주자 제비는 흥부에게 박 씨를 물어다 줬어요. 흥부가 박 씨를 심어 키운 뒤 박을 타자 금은보화들이 쏟아지고 고래 등 같은 기와집이 생겼어요. 놀부가 이야기를 듣고 샘이 나, 흥부를 따라 한답시고 일부러 제비의 다리를 부러뜨리고 동여맨 뒤 날려 보냈어요. 놀부가 제비가 물어다 준 박 씨를 키워 박을 타자 도깨비들이 나타나 놀부를 두들겨 패고 재산을 몽땅 가져가 버렸어요. 흥부가 놀부를 찾아와서 위로하며 도와주자 놀부는 눈물을 흘리며 용서를 빌었고 둘은 사이좋게 지냈답니다.

반대로 쓸 수 있는 말 **초지일관** 初志一貫 처음 먹은 마음을 끝까지 밀고 나간다.

附					
붙을 부					

ʼ ʼ ß ß ßʼ ßʼ ßʼ 附 附

附	附			

和					
화할 화					

ʼ 二 千 禾 禾 和 和

和	和			

雷					
우레 뇌					

一 二 戶 币 币 雨 雨 雨 雷 雷 雷 雷

雷	雷			

同					
한가지 동					

丨 冂 冂 冋 同 同

同	同			

附	和	雷	同	부	화	뇌	동

💬 배운 고사성어를 넣어 나만의 문장을 만들어 보세요.

용두사미 龍頭蛇尾

시작은 거창하지만 끝은 초라한 모습

 **예문으로 감잡기**

1. 오늘 본 영화는 정말 용두사미였어. 예고편을 보고 많이 기대했는데, 마지막 반전이 그렇게 시시할 줄은 꿈에도 몰랐어.

2. 이번 방학은 꼭 계획표를 실천해서 저번 방학처럼 용두사미 하지 않을 거야.

3. 우리 엄마는 겨울마다 스웨터를 떠주겠다고 호언장담하지만 언제나 용두사미로 끝나.

용두사미란 '용(龍)의 머리(頭)에 뱀(蛇)의 꼬리(尾)'라는 뜻으로 시작이 거창한 것에 비해 끝이 초라한 모습을 의미하는 말이에요.

진존숙이라는 고승이 다른 고승과 도에 대한 이야기를 나누려 하자 고승은 "으악!"하고 큰소리를 쳤어요. 진존숙이 놀라자 고승은 한 번 더 큰소리를 내고는 딴청을 부렸어요. 진존숙은 처음엔 고승이 의미를 담아 소리친 줄 알았지만, 그것이 아님을 눈치챘어요.

"당신은 마치 용의 머리에 뱀의 꼬리를 가진 격이군요. 도를 알지도 못한 채 계속 그렇게 소리만 지른다면 제가 네다섯 번 말한 후에는 어찌할 생각이시오."

고승은 얼굴을 붉히며 아무 말도 하지 못했어요. 이처럼 시작은 거창하나 마무리는 별 볼 일 없이 맺는 모습이나 행동을 '용두사미'라고 한답니다.

반대로 쓸 수 있는 말　**시종일관** 始終一貫　처음부터 끝까지 한결같음.

龍 용 룡

` ー ナ 古 立 产 奇 育 育 育 龍 龍 龍 龍 龍

龍 龍

頭 머리 두

一 厂 亓 亓 豆 豆 豆 豇 頭 頭 頭 頭 頭 頭 頭 頭

頭 頭

蛇 뱀 사

丶 ㅁ ㅁ 中 虫 虫 虫 虫 虻 蛇 蛇 蛇

蛇 蛇

尾 꼬리 미

㇇ ㄱ 尸 尸 尸 屋 屋 尾 尾

尾 尾

龍 頭 蛇 尾   용 두 사 미

💬 배운 고사성어를 넣어 나만의 문장을 만들어 보세요.

점입가경 漸入佳境

시간이 지날수록 더욱 뛰어나진다

 예문으로 감잡기

1. 정현이가 저번 시험에서 반 1등을 하더니 점입가경으로 이번에는 전교 1등까지 했대.

2. 이번에도 숙제를 해오지 않다니 갈수록 점입가경이구나.

3. 지수가 해주는 무서운 이야기에 우리는 점입가경으로 빠져들었다.

점입가경이란 '들어갈수록(入) 점차(漸) 아름다워지는(佳) 경치(境)'라는 뜻으로 시간이 지날수록 재주나 외모가 뛰어나지는 것을 일컫는 말이에요.

〈고개지 전〉을 통해 알아봅시다. 고개지라는 사람은 사탕수수를 좋아했는데 남들과는 달리 덜 단 줄기 부분부터 먼저 먹자 친구들이 의아하게 여기고 물었어요.

"자네는 사탕수수를 왜 덜 단 부분부터 먹는 건가?"

"그야, 갈수록 좋은 경치를 보고 싶듯이 먹을수록 단맛을 느끼고 싶기 때문이라네."

이후, '점입가경'이라는 말이 생겨났고 오늘날에는 어떤 상대, 상황을 비웃거나 비난하는 부정적인 의미로도 쓰이게 됐어요. '저 친구, 예전에는 총명하더니만 갈수록 하는 짓이 점입가경이야!'처럼 말이에요.

함께 쓸 수 있는 말 **일취월장** 日就月將 날마다 달마다 성장하고 발전한다.

괄목상대 刮目相對 눈을 비비고 다시 볼 정도로 발전한 모습.

漸
점점 점

丶丶冫氵汀沪泗洞洞涧漸漸漸

漸	漸				

入
들 입

丿入

入	入				

佳
아름다울 가

丿亻亻亻什件佳佳佳

佳	佳				

境
지경 경

一十土圹圹圹圹坨培培培堷境

境	境				

漸	入	佳	境	점	입	가	경

💬 배운 고사성어를 넣어 나만의 문장을 만들어 보세요.

청출어람 青出於藍

제자가 스승보다 뛰어나다

 예문으로 감잡기

1. 이야! 우리 경우가 키운 콩나물이 선생님이 키운 콩나물보다 훨씬 많이 자랐네? 콩나물 키우는 분야에선 경우가 선생님을 넘어선 청출어람인걸?

2. 엄마는 내가 만든 송편을 보시고는 가르쳐준 엄마보다 잘 만든다며 청출어람이라고 칭찬해 주셨다.

3. 우리 민정이 자전거 실력이 그새 늘었구나! 청출어람이라더니 이제 아빠가 민정이에게 배워야 할 정도야.

청출어람이란 '쪽(藍)에서(於) 나온(出) 푸른 물감이 쪽빛보다 더 푸르다(青)'라는 뜻으로, 제자가 스승보다 더 뛰어날 때를 일컫는 말이에요.

남북조시대에 이 밀이라는 총명한 제자와 공번이라는 훌륭한 스승이 있었어요. 어느덧 이 밀은 공번을 능가할 정도로 성장하게 되었고 공번이 이 밀에게 말했어요.

"자네는 학문으로 이미 나를 능가하였으니 이제 내가 자네에게 배움을 청해야 할 듯싶군. 누구든 나보다 뛰어난 점이 있다면 나이와 직책과 관계없이 가르침을 받아야 하지."

이 이야기가 알려지자 사람들은 공번의 인품을 칭송했고 이 밀을 두고는 '쪽에서 나온 푸른 물감이 쪽빛보다 더 푸르다'라는 《순자》의 '청출어람'이라는 단어에 빗대어 칭송하였답니다.

함께 쓸 수 있는 말 나중 난 뿔이 우뚝하다.

따라쓰기

월 일

漢字	필순 / 따라쓰기
青 푸를 청	一 二 ⺈ 丰 丰 青 青 青
	青 青
出 날 출	丨 凵 屮 出 出
	出 出
於 어조사 어	丶 二 亍 方 方 於 於 於
	於 於
藍 쪽 람	一 十 艹 … 藍
	藍 藍

青	出	於	藍	청	출	어	람

배운 고사성어를 넣어 나만의 문장을 만들어 보세요.

토사구팽 兎死狗烹

필요할 때는 부려먹다가 쓸모가 없어지면 가차없이 버린다

 **예문으로 감잡기**

1. 내게 단소를 가르쳐 달라며 친한 척 하던 한솔이는 단소 시험이 끝나 자마자 날 토사구팽하였다.

2. 큰아버지가 회사를 위해 열심히 일하셨지만, 토사구팽당하셨다는 이 야기가 들려왔다.

3. 필기한 노트를 보여 달라고 붙던 아이들이 시험이 끝나자 토사구팽하 듯 고맙다는 인사도 하지 않았다.

토사구팽이란 '토끼(兎) 사냥(死)이 끝나면 사냥개(狗)를 삶아(烹) 먹는다'라는 뜻으로, 필요 할 때는 부려먹지만, 쓸모가 없어지면 헌신짝 버리듯 버린다는 의미에요.

한나라의 무제 유방은 한신의 세력이 커지자 한신을 제거할 마음으로 한신이 숨겨둔 초나라의 종리매를 트집 잡았어요. 한신이 종리매의 거취를 망설이자, 종리매는 자신이 죽으면 다음 차례는 한신이라고 말하고는 자결 했어요. 한신은 종리매의 목을 유방에게 가져갔지만 결국 유방에게 붙잡히고 말았어요.

"종리매의 말이 맞았구나. 토끼를 사냥하고 나면 사냥개는 삶아 먹고, 적국을 차지하면 신하는 버림받는다더니 나도 유방에게 당하는구나."

이후, 필요할 때는 이용하다가 쓸모없어지면 내치는 모습을 '토사구팽'이라고 하게 되었어요.

[함께 쓸 수 있는 말] **감탄고토** 甘呑苦吐 달면 삼키고 쓰면 뱉는다.

| 兎 토끼 토 | ノ ィ 亻 白 币 尹 兎 兎 | | | | | |
| 兎 | 兎 | | | | |

| 死 죽을 사 | 一 厂 歹 歹 歹 死 | | | | | |
| 死 | 死 | | | | |

| 狗 개 구 | ノ 犭 犭 犭 狁 狍 狗 狗 | | | | | |
| 狗 | 狗 | | | | |

| 烹 삶을 팽 | 丶 一 亠 亡 古 亨 亨 亨 烹 烹 | | | | | |
| 烹 | 烹 | | | | |

| 兎 | 死 | 狗 | 烹 | 토 | 사 | 구 | 팽 |

배운 고사성어를 넣어 나만의 문장을 만들어 보세요.

파죽지세 破竹之勢

거칠 것 없는 맹렬한 기세

 예문으로 감잡기

1. 우리는 점심시간이 되자마자 급식실을 향해 파죽지세로 달려갔다.

2. 지금 분위기를 이어서 파죽지세로 시합에서 이기는 거야!

3. 마트에서 반값 세일을 외치는 소리가 들리자 엄마는 파죽지세로 달려
   갔다.

파죽지세란 '대나무(竹)를 쪼개는(破) 기세(勢)'란 뜻으로, 대적할 상대가 없는 맹렬한 기세
를 말해요.

진나라 장군 두예가 전쟁에서 연승을 거듭하고 마지막 전투를 앞에 뒀을 때, 한 장군이 후퇴한 후 겨울에 다시
공격하는 것을 제안하자, 두예는 단호하게 말했어요.
"지금 우리 군사의 사기는 마치 대나무를 쪼갤 때의 기세와 같네. 대나무는 한 번 쪼개지기만 하면 이후엔 칼을
갖다 대기만 해도 쪼개지는 법이야. 이런 기회를 어찌 놓칠 수 있겠는가."
두예의 말에 휘하의 장군들은 공격을 감행했고 결국, 이웃 나라 왕의 항복을 받아냈어요. 여기에서 '대나무를
쪼개는 듯한 맹렬한 기세'라는 말의 '파죽지세'가 나왔답니다.

함께 쓸 수 있는 말 **승승장구** 乘勝長驅 승리의 기세를 타고 연이어 이기다.

破 깨뜨릴 파

一 丁 丆 石 石 矽 矽 矽 破 破

破 破

竹 대 죽

丿 丿 ㅑ 竹 竹 竹

竹 竹

之 갈(~의) 지

丶 亠 ㄅ 之

之 之

勢 형세 세

一 十 土 寺 志 幸 幸 幸 剌 執 執 勢 勢

勢 勢

破 竹 之 勢   파 죽 지 세

💬 배운 고사성어를 넣어 나만의 문장을 만들어 보세요.

호가호위 狐假虎威

남의 권세를 빌려 허세 부리다

 예문으로 감잡기

1. 정훈이가 무서운 형들을 등에 업고 호가호위하는 모습이 정말 볼썽사
   나워.

2. 아무리 생각해도 지금 네 행동은 반장을 믿고 호가호위하는 모습으로
   밖에 보이지 않아.

3. 동생이 엄마만 믿고 호가호위하는 모습을 보고 있으려니 얄미워 죽겠어.

호가호위란 '여우(狐)가 호랑이(虎)의 위세(威)를 빌린다(假)'는 뜻으로, 남의 권세를 빌려 허세를 부리고 으스대는 모습을 말해요.

초나라의 왕은 재상인 소해휼의 명성이 높자 불안해하고 있었어요. 그때, 한 신하가 왕에게 말했어요.
"어느 날 호랑이가 여우를 잡아먹으려 하자 여우가 말했습니다. '나는 하늘이 내린 동물의 왕이니 나를 죽이면 큰 벌을 받을 것이다. 의심스럽다면 뒤를 따라와 동물들이 나를 어찌 대하는지 보아라.' 호랑이는 여우를 따라 나섰고 동물들이 여우를 보고 무서워하며 달아나자 여우의 말을 믿고 놓아주었습니다. 사실 동물들은 여우가 아니라 뒤에 오는 호랑이를 보고 피한 것이었지요. 이처럼 소해휼은 전하를 대신하여 일하고 있을 뿐이며 다른 이들은 소해휼 뒤의 전하를 두려워하는 것입니다."
이야기를 듣고 왕의 불안한 마음은 사라졌고, 이후로 '호가호위'라는 말이 생겨났어요.

함께 쓸 수 있는 말 원님 덕에 나팔 분다.

狐 여우 호	ノ ブ ブ ブ 扩 狐 狐 狐
	狐　狐

假 거짓 가	ノ イ 仈 仃 仃 作 作 作 假 假 假
	假　假

虎 범 호	ノ ト 卢 卢 虍 虍 虎 虎
	虎　虎

威 위엄 위	一 厂 厂 厈 反 反 威 威 威
	威　威

狐 假 虎 威　호 가 호 위

💬 배운 고사성어를 넣어 나만의 문장을 만들어 보세요.

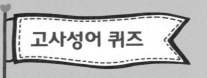

> **보기**
>
> 대기만성 호가호위 군계일학 부화뇌동 계륵
>
> 점입가경 금상첨화 토사구팽 과유불급 파죽지세
>
> 개과천선 난공불락 용두사미 근묵자흑 청출어람

★ **보기에서 알맞은 고사성어를 찾아 빈칸에 써 보세요.**

1 엄마는 모처럼 내가 방을 깨끗이 치우자 ☐☐☐☐ 하였다며 칭찬해 주셨다.

2 추억이 깃든 물건을 버리자니 아쉽고, 가지고 있자니 짐이고, 정말 ☐☐ 이 따로 없네.

3 우리 반은 축구, 발야구, 줄다리기 등에서 ☐☐☐☐ 로 이기고 있었다.

4 이 문제집은 고사성어의 뜻뿐만 아니라 예문으로 활용법도 알 수 있어서 ☐☐☐☐ 야!

5 내 짝꿍 혜민이의 마음은 ☐☐☐☐ 이다. 내 마음을 전혀 받아주지 않는다.

6 놀부는 부자가 된 흥부가 샘이 나 흥부를 따라 ☐☐☐☐ 하였다가 쫄딱 망했어.

7 아무리 맛있고 좋은 음식이라도 너무 많이 먹으면 ☐☐☐☐ 이야.

★ 고사성어의 뜻에 도착할 수 있도록 사다리를 타 보세요.

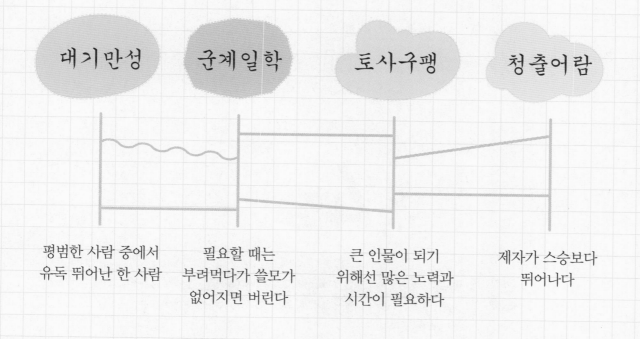

대기만성   군계일학   토사구팽   청출어람

평범한 사람 중에서 유독 뛰어난 한 사람

필요할 때는 부려먹다가 쓸모가 없어지면 버린다

큰 인물이 되기 위해선 많은 노력과 시간이 필요하다

제자가 스승보다 뛰어나다

★ 친구들 사이에서 군계일학의 모습으로 서 있는 자신을 그려 보세요.

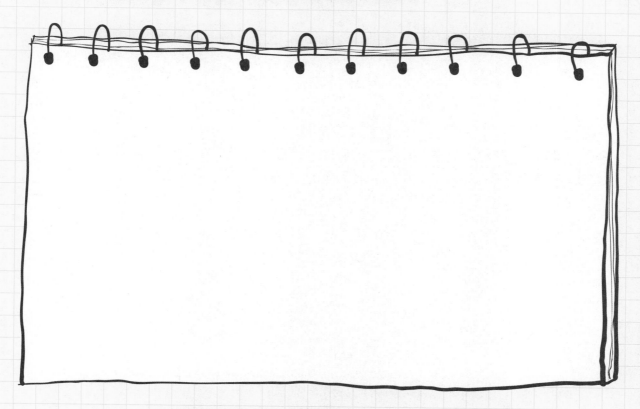

이것까지 알면
고사성어 왕!

아는 체 지수 ★★★★★

4장에서는 다소 어렵지만 사용하면 어깨가 으쓱해질 수 있는 고사성어를 다루고 있어요.
친구들이나 부모님에게 "나 고사성어 왕이야!"라고 크게 외쳐 봅시다.

체크 리스트

그날그날 배운 고사성어를
체크하면서 학습 진도를
한눈에 알아볼 수 있어요!

괄목상대 刮目相對

눈을 비비고 다시 볼 정도로 발전한 모습

 **예문으로 감잡기**

1. 옆 반 대훈이는 방학 동안 운동해서 괄목상대할 만큼 살이 **빠졌대**.

2. 희수는 시험 기간 내내 열심히 공부하더니 괄목상대할 정도로 성적이 올랐다.

3. 내가 괄목상대할 만큼 멋있어지면 윤정이도 날 다르게 보겠지?

괄목상대란 '눈(目)을 비비고(刮) 다시 보아(相) 다르게 대할(對)' 정도로 상대의 재주가 발전한 것을 말해요.

여몽은 용맹한 장수였지만 배움이 짧아 무지했어요. 왕이 여몽의 무지함을 꾸짖자 여몽은 부끄러움을 느끼고 하루도 거르지 않고 열심히 학문과 병법을 익혔어요. 얼마 뒤 친구인 노숙이 여몽이 몰라보게 박식해진 것을 보고 놀라자 여몽은 이렇게 대답했어요.

"선비란 사흘 후에 다시 볼 때, 눈을 비비고 다시 볼 정도로 발전해야 하는 법이라네."

이후, 눈을 비비고 다시 본다는 '괄목상대'는 몰라보게 재주가 늘고 성장한 것을 뜻하게 되었답니다.

함께 쓸 수 있는 말 **일취월장** 日就月將 날마다 달마다 성장하고 발전한다.
점입가경 漸入佳境 시간이 지날수록 더욱 뛰어나진다.

刮 긁을 괄	ノ 二 千 千 舌 舌 刮 刮 刮　刮					
目 눈 목	｜ 冂 冂 月 目 目　目					
相 서로 상	一 十 才 木 村 相 相 相 相 相　相					
對 대할 대	⎁ ⎁ ⎁ ⎁ ⎁ ⎁ ⎁ ⎁ ⎁ 對 對 對　對					

| 刮 | 目 | 相 | 對 | 괄 | 목 | 상 | 대 |

 배운 고사성어를 넣어 나만의 문장을 만들어 보세요.

_____

_____

_____

113

금의환향 錦衣還鄕

출세하여 고향에 돌아오다

 예문으로 감잡기

1. 올림픽 국가대표 선수단이 메달을 목에 걸고 금의환향했다.

2. 회사에서 승진하신 엄마는 어깨에 힘을 주고 금의환향하듯 집에 오셨다.

3. 학생회장으로 당선된 치훈이가 금의환향하듯 반으로 돌아왔다.

금의환향이란 '비단옷(錦衣)을 입고 고향(鄕)에 돌아오다(還)'라는 뜻으로 출세해서 고향에 돌아가는 모습을 말해요.

초나라가 한나라와 한창 싸울 때의 일이에요. 항우는 중요한 지역인 함양을 차지했지만, 자신의 고향인 변방의 팽성을 도읍으로 정했어요. 신하들이 이에 반대하자 항우는 도리어 화를 냈어요.

"출세해서 고향에 돌아가지 않는다면 비단옷을 입고 밤길을 가는 것과 무엇이 다른가!"

팽성으로 도읍을 옮긴 항우는 훗날, 함양을 차지한 유방에게 패하고 천하 통일의 기회마저 잃고 말았어요. '금의환향'이라는 고사성어를 남긴 채 말이에요.

반대로 쓸 수 있는 말 **금의야행** 錦衣夜行 비단옷을 입고 밤길을 간다. 성공하고도 인정받지 못하는 모습.

錦 비단 금

ノ ノ 卜 と 牟 余 余 金 金' 釒' 釘 釘 鈤 錦 錦 錦

錦 錦

衣 옷 의

丶 一 ナ ナ 衣 衣

衣 衣

還 돌아올 환

口 冂 四 四 罒 罒 罘 罗 睘 睘 睘 還 還 還

還 還

鄉 시골 향

〈 乡 乡 乡 纱 纱 纲 绉 绉 绉' 绉彡 鄉

鄉 鄉

錦 衣 還 鄉   금 의 환 향

💬 배운 고사성어를 넣어 나만의 문장을 만들어 보세요.

낭중지추 囊中之錐

뛰어난 인재는 드러나기 마련이다

 예문으로 감잡기

1. 고흐는 생전에는 인정받지 못했지만, 낭중지추라고 사후에 진가를 인정받았어.

2. 조용한 줄만 알았던 강우가 웅변대회에서 낭중지추의 존재감을 드러내서 깜짝 놀랐지 뭐야?

3. 은정이의 미술 실력은 스스로 잘난 체하지 않아도 낭중지추처럼 표가 나.

낭중지추란 '주머니(囊) 속(中)의 송곳(錐)'이라는 뜻으로, 뛰어난 인재는 두각을 나타내어 드러나기 마련이라는 뜻이에요.

조나라의 재상 조 승이 사신으로 갈 인재를 찾고 있을 때, 식객인 모수가 손을 들었어요. 조 승은 모수가 자신의 집에 머문 지 삼 년이 되었다는 소리를 듣고 이렇게 말했어요.

"뛰어난 인재라면 주머니 속의 송곳처럼 드러나기 마련인데 삼 년 동안 당신을 전혀 알지 못했으니 당신의 능력을 믿을 수 없습니다."

"그야 저를 한 번도 주머니에 담지 않으셨으니 그렇지요. 주머니 속에 넣어주신다면 송곳 끝뿐 아니라 자루까지 드러내 보이겠습니다."

조 승은 모수의 당당한 모습에 마음을 바꾸었고 모수는 사신으로 가서 큰 공을 세웠답니다.

囊　주머니 낭

ー ナ ア ヰ 虫 ,虫 虫 虫 虫 南 壺 壺 壺 壺 壺 壺 壺 壺 囊 囊 囊

囊　囊

中　가운데 중

丶 ロ ロ 中

中　中

之　갈(~의) 지

丶 亠 宀 之

之　之

錐　송곳 추

丿 𠂉 𠂆 乍 乍 午 牟 金 金 釒 釻 釺 銌 鉎 鋅 錐 錐

錐　錐

囊 中 之 錐　낭 중 지 추

💬 배운 고사성어를 넣어 나만의 문장을 만들어 보세요.

삼고초려 三顧草廬

인재를 얻기 위해 정성을 다하는 모습

 예문으로 감잡기

1. 삼촌은 저명한 교수님을 주례 선생님으로 모시기 위해 삼고초려하셨다.

2. 나는 딱지 장인에게 가르침을 받기 위해 쉬는 시간마다 8반으로 삼고 초려했다.

3. 우리 가족은 삼고초려 끝에 맛있기로 유명한 짬뽕을 먹을 수 있었다.

삼고초려란 '초가집(草廬)을 세 번(三) 방문한다(顧)'는 뜻으로, 훌륭한 인재를 얻기 위해 예의를 다해 노력한다는 말이에요.

삼국 시대, 유비는 관우, 장비와 함께 군사를 일으켰어요. 유비는 제갈량을 군사로 얻으라는 조언을 받아들여 제갈량의 초가집을 찾아갔지만, 제갈량은 보이지 않았어요. 며칠 후 다시 찾아갔을 때도 제갈량은 보이지 않았지요. 화가 난 관우와 장비가 씩씩거려도 유비는 아랑곳하지 않고 한 번 더 방문했고, 제갈량이 낮잠을 자고 있자 조용히 기다렸어요. 낮잠에서 깬 제갈량은 세 번이나 찾아와 정성을 다한 유비에게 감동했고 그의 군사가 됐어요. 이후 제갈량은 큰 공을 세웠고 유비는 황제가 되었답니다.

| 三
석 삼 | 一 二 三 | | | | |
| | 三 | 三 | | | |

| 顧
돌아볼 고 | 丶 丨 广 户 户 户 户 庐 庐 庐 雇 雇 雇 顧 顧 顧 顧 顧 顧 | | | | |
| | 顧 | 顧 | | | |

| 草
풀 초 | 一 十 艹 艹 艹 芦 苩 苩 草 草 | | | | |
| | 草 | 草 | | | |

| 廬
농막집 려 | 丶 广 广 广 广 庐 庐 庐 庐 虎 虏 虏 廬 廬 廬 廬 廬 廬 廬 | | | | |
| | 廬 | 廬 | | | |

| 三 | 顧 | 草 | 廬 | 삼 | 고 | 초 | 려 |

💬 배운 고사성어를 넣어 나만의 문장을 만들어 보세요.

새옹지마 塞翁之馬

복이 화가 되기도 하고, 화가 복이 되기도 한다

 **예문으로 감잡기**

1. 키가 작았던 재혁이는 방학 동안 훌쩍 커 반에서 제일 키가 큰 아이가 되었다. 새옹지마라는 말은 이럴 때 쓰나 보다.

2. 소나기 때문에 온몸이 다 젖어서 짜증 났는데 새옹지마라고 무지개가 예쁘게 떴어.

3. 누나는 수능을 망치고 펑펑 울었지만, 재수해서 더 좋은 대학을 갔다. 정말 인생은 새옹지마다.

새옹지마란 '변방(塞) 노인(翁)의 말(馬)'이라는 뜻으로 복이 화가 되기도 하고 화가 복이 되기도 한다는 말이에요.

중국 변방에 한 노인이 기르던 말 한 마리가 도망을 가버렸어요. 노인은 웃으며 말했어요.

"말이 도망간 것이 오히려 복이 될지 누가 알겠소?"

몇 달 후 도망갔던 말이 암말과 짝을 지어 왔고 모두 축하해줬지만, 노인은 시큰둥했어요.

"이 일이 화가 될지 어찌 알겠소."

얼마 후 노인의 아들이 새 말을 타다가 넘어져 평생 다리를 절게 됐는데도 그는 이렇게 말했어요.

"이 일이 복이 될지 어찌 알겠소."

1년 후, 전쟁이 일어나 많은 젊은이가 전쟁터에서 죽었지만 노인의 아들은 다리를 다쳐 전쟁에 나가지 않아서 살아남을 수 있었어요. 다리를 절게 된 화가 아들의 목숨을 살린 복이 된 것이지요.

함께 쓸 수 있는 말 **전화위복** 轉禍爲福 나쁜 일이 바뀌어 좋은 일이 된다.

| 塞
변방 새 | `丶丶宀宀宀宀宇宙宙寒寒寒塞` |||||
| | 塞 | 塞 | | | |

| 翁
늙은이 옹 | `丿八公公公今翁翁翁翁` |||||
| | 翁 | 翁 | | | |

| 之
갈(~의) 지 | `丶一ラ之` |||||
| | 之 | 之 | | | |

| 馬
말 마 | `l 厂 厂 厂 厅 馬 馬 馬 馬 馬` |||||
| | 馬 | 馬 | | | |

| 塞 | 翁 | 之 | 馬 | 새 | 옹 | 지 | 마 |

💬 배운 고사성어를 넣어 나만의 문장을 만들어 보세요.

순망치한 脣亡齒寒

서로 떨어질 수 없는 관계

 예문으로 감잡기

1. 어릴 때부터 함께 자란 나와 우리 집 반려견 뽀미는 순망치한 같은 사이야.

2. 엄마와 아빠는 매번 싸우지만, 사실은 떨어져서 살 수 없는 순망치한 같은 사이다.

3. 나와 컴퓨터는 순망치한 같은 사이라고 할 수 있지!

순망치한이란 '입술(脣)이 없으면(亡) 이(齒)가 시리다(寒)'는 뜻으로 한쪽이 없으면 다른 한쪽도 타격을 입을 정도로 긴밀한 관계를 의미해요.

진나라 왕은 괵나라를 정복하기 위해 괵의 옆 나라인 우나라 왕에게 재물을 주면서 길을 터달라고 했어요. 우나라의 왕이 재물에 눈이 멀어 길을 터주려고 하자, 궁지기라는 신하가 이렇게 말했어요.

"괵나라와 우나라는 '입술이 없으면 이가 시리다'는 말을 쓸 수 있을 정도로 긴밀한 관계입니다. 괵나라가 망한다면 다음 차례는 우나라가 될 것입니다."

하지만 우왕은 길을 터주었고 궁지기의 말대로 진나라는 괵나라를 침략하고 오는 길에 우나라를 공격했어요. 우왕은 뒤늦게 후회했지만 돌이킬 수 없는 일이었답니다.

脣 입술 순

亡 망할 망

齒 이 치

寒 찰 한

脣 亡 齒 寒　　순 망 치 한

💬 배운 고사성어를 넣어 나만의 문장을 만들어 보세요.

와신상담 臥薪嘗膽

목적을 이루기 위해 고난을 참고 견디다

 예문으로 감잡기

1. 지난번 농구시합에서 패배한 후, 우리 반 아이들이 와신상담으로 연습한 끝에 마침내 1반을 이길 수 있었어!

2. 민지가 와신상담으로 노래 연습을 하더니 노래 시험에서 만점을 받았더라.

3. 우리 사촌 누나는 몇 년간 와신상담한 끝에 공무원 시험에 합격했대.

와신상담이란 '섶나무(薪) 위에 엎드려(臥) 자고 쓸개(膽)를 핥는다(嘗)'는 뜻으로, 목적을 이루기 위해 어떠한 고난과 불편함도 견디는 것을 말해요.

오나라 왕 부차는 월나라와의 전쟁에서 죽은 아버지의 원수를 갚기 위해 섶나무 위에서 불편하게 자며 복수를 다짐했어요. 부차가 월나라를 공격하자 월나라 왕 구천은 항복했고, 부차는 구천을 살려주기로 했어요. 구천은 곁에 쓸개를 두고 쓴맛을 맛보며 치욕을 곱씹었어요. 몇 년 후, 구천은 오나라를 공격해서 오랜 전쟁 끝에 승리했고 부차는 죽었어요. 부차가 섶나무 위에서 잔다는 '와신(臥薪)'과 구천이 쓸개를 맛보며 이를 간 '상담(嘗膽)'이 합쳐져 '와신상담'이라는 말이 됐답니다.

함께 쓸 수 있는 말 **절치부심** 切齒腐心 분한 마음에 이를 갈고 속을 썩이다.

臥　누울 와
一 丁 丆 丆 丮 臣 臥 臥
臥　臥

薪　섶 신
一 十 艹 芢 芢 苩 苩 莀 莀 莀 菥 菥 薪 薪 薪
薪　薪

嘗　맛볼 상
丨 丨 丷 丷 丵 丵 当 嘗 嘗 嘗 嘗 嘗 嘗
嘗　嘗

膽　쓸개 담
丿 刀 月 月 月' 月' 月' 膵 膵 膵 膵 膵 膽 膽 膽
膽　膽

臥 薪 嘗 膽　　와 신 상 담

💬 배운 고사성어를 넣어 나만의 문장을 만들어 보세요.

읍참마속 泣斬馬謖

공정함을 지키기 위해 사사로운 정을 버리다

 예문으로 감잡기

1. 성적을 올리기 위해 읍참마속의 심정으로 게임 CD를 모두 버렸다.

2. 읍참마속의 심정으로 뽀미에게 더는 간식을 주지 않겠어. 수의사 선생님이 비만이라 관리해야 한다고 당부하셨거든.

3. 엄마는 자식이라도 잘못된 일을 한다면 읍참마속의 심정으로 벌을 줄 거라고 으름장 놓으셨다.

읍참마속이란 '울며(揖) 마속(馬謖)의 목을 베다(斬)'라는 뜻으로, 공정함을 위해 사사로운 정을 버리고 엄격히 처벌한다는 말이에요.

촉나라와 위나라 간 전쟁이 일어나자, 마속이라는 장수가 출전하겠다고 지원했어요. 제갈량은 마속을 아꼈기 때문에 보내고 싶지 않았지만, 패배한다면 목숨을 내놓겠다는 마속의 의지에 결국 손을 들고 말았어요. 하지만 마속은 전쟁에서 패배한 뒤 돌아왔어요. 사람들이 마속의 선처를 바랐지만, 제갈량은 정에 이끌려 군기를 어지럽힐 수 없다며 눈물을 머금고 사형을 집행시켰어요. 눈물을 삼키고 마속의 목을 벤다는 '읍참마속'은 이후로 공정함, 대의를 위해 사사로운 정을 버린다는 의미로 사용하게 됐어요.

泣
울 읍

`丶丶氵氵氵沪泣泣`

泣 泣

斬
벨 참

`一 厂 戸 戸 百 亘 車 車 斬 斬 斬`

斬 斬

馬
말 마

`丨 厂 冂 厏 馬 馬 馬 馬 馬 馬`

馬 馬

謖
일어날 속

`丶 亠 亖 言 言 言 訂 詞 詞 詞 謬 謖 謖 謖`

謖 謖

泣 斬 馬 謖　읍 참 마 속

💬 배운 고사성어를 넣어 나만의 문장을 만들어 보세요.

임기응변 臨機應變

상황에 따라 적절하게 행동하다

 예문으로 감잡기

1. 은지를 반장 후보로 추천합니다! 왜냐하면, 은지는 평소 임기응변이 뛰어나기 때문에 반장으로서 어려운 일도 잘 해내리라 생각하기 때문입니다!

2. 집에 가는 길에 무서운 형들이 따라오길래 임기응변으로 근처 편의점에 들어가서 도움을 요청했어.

3. 임기응변하는 것도 좋지만, 평소에 유비무환하는 자세도 필요해.

임기응변이란 '어떤 상황(機)에 임할(臨) 때 적절하게 반응하고(應) 변하다(變)'라는 뜻으로, 그때그때 형편과 상황에 따라 알맞게 대처한다는 말이에요.

초나라에 제나라 사신이 방문하자, 초나라 왕은 사신의 왜소한 몸집에 맞는 작은 문으로 들어오라고 조롱했어요. 그러자 사신은 개의 나라에 들어갈 때 개구멍으로 들어가는 것이니 초나라는 개의 나라와 다름없다고 받아쳤어요. 화가 난 초나라 왕은 제나라에는 옹졸한 사람을 사신으로 보낼 만큼 인물이 없냐고 호통쳤어요. 그러자 사신은 제나라는 어진 왕에게는 어진 사람을 보내고, 어리석은 왕에게는 어리석은 사람을 보내기에 제나라에서 가장 어리석은 자신이 초나라에 왔다고 받아쳤어요. 제 꾀에 제가 넘어간 초나라 왕은 아무 말도 하지 못했지요. 이처럼 상황에 따라 적절하게 대처하는 모습을 두고 '임기응변'이라는 말을 쓴답니다.

[반대로 쓸 수 있는 말] **유비무환 有備無患** 미리 준비해두면 걱정할 것이 없다.

○○ 월 ○○ 일

臨
임할 임

一 ㅜ ㅋ ㅋ ㅋ 臣 臣 臣 臣 臨 臨 臨 臨 臨 臨 臨 臨

臨 臨

機
틀 기

一 ㄱ ㄱ ㄱ ㄱ ㄱ 栏 栏 栏 栏 栏 栏 機 機 機

機 機

應
응할 응

` ㄴ 广 广 广 庐 庐 府 府 府 府 府 雁 雁 應 應 應

應 應

變
변할 변

` ㄴ ㅋ ㅋ ㅋ ㅋ 言 言 絲 絲 絲 絲 絲 絲 絲 絲 絲 絲 變 變 變

變 變

臨 機 應 變   임 기 응 변

💬 배운 고사성어를 넣어 나만의 문장을 만들어 보세요.

절차탁마 切磋琢磨

학문이나 인격을 갈고 닦다

 예문으로 감잡기

1. 우리 할아버지는 꿈을 이루기 위해 절차탁마하셔서 늦은 나이에 대학에 입학하셨어. 정말 대단하시지 않니?

2. 엄마는 집에서 놀기만 하는 형에게 이제는 절차탁마할 때가 되지 않았냐며 구박하셨다.

3. 나는 인고의 시간을 거쳐 절차탁마한 끝에 미술 숙제를 끝마칠 수 있었다.

절차탁마란 '자르고(絶) 쓸고(磋) 쪼며(琢) 간다(磨)'는 뜻으로 모난 부분을 다듬듯 학문이나 인격을 갈고닦거나 기예를 열심히 익힐 때 쓰는 표현이랍니다.

자공이 스승인 공자에게 가난해도 비굴하지 않고, 부자라도 오만하지 않은 사람에 관해 물었어요. 공자는 그들도 좋은 사람이지만 가난하면서 마음이 풍요롭고 부자면서 예의를 아는 사람보다는 못하니 더욱 노력해야 한다고 말해주었어요. 그러자 자공이 이렇게 말했어요.

"《시경》에 이르길, '깎아내고 다듬고 쪼아내고 갈아낸 듯하다'고 하였습니다. 이것은 만족하지 말고 끊임없이 노력해서 수양해야 한다는 스승님의 가르침과 같은 것이군요."

공자는 자공의 깨달음에 기뻐했어요. 귀한 옥도 다듬어서 더욱 귀한 것으로 만드는 것처럼, 인격이나 학문도 끊임없이 갈고닦아야 한다는 의미로 '절차탁마'를 쓰게 됐답니다.

切 끊을 절
一 七 切 切
切 切

磋 갈 차
一 丁 丆 石 石 石 石 砅 磋 磋 磋 磋 磋 磋
磋 磋

琢 다듬을 탁
一 二 千 王 王 王 玗 玕 玗 玗 琢 琢
琢 琢

磨 갈 마
丶 一 广 广 广 庁 庈 床 麻 麻 麻 麻 麻 磨 磨 磨 磨
磨 磨

切 磋 琢 磨　　절 차 탁 마

💬 배운 고사성어를 넣어 나만의 문장을 만들어 보세요.

주객전도 主客顚倒

중요한 것과 중요하지 않은 것의 입장이 뒤바뀌다

 예문으로 감잡기

1. 엄마는 선물 받은 옷에 갖춰 입기 위해 배로 비싼 가방과 구두를 사는 주객전도를 범했다.

2. 지훈이 너 또 컴퓨터로 게임하고 있지? 열심히 공부한다길래 사줬더니 게임만 하고! 주객전도 아니니?

3. 마트에 두부를 사러 갔다가 과자만 잔뜩 사 가는 주객전도를 범했다.

주객전도란 '주인(主)과 손님(客)이 뒤바뀌다(顚倒)'란 뜻으로 중요한 것과 중요하지 않은 것, 앞뒤의 차례, 입장이 뒤바뀐 것을 말해요.

〈옹고집전〉을 통해 알아봅시다. 옛날에 심술궂기로 유명한 옹고집이 살았어요. 한 도사가 옹고집을 벌주기 위해 도술로 똑같은 옹고집을 만들어 옹고집의 집에 보냈어요. 옹고집의 가족들마저 가짜와 진짜를 구분하지 못하다가 가짜 옹고집이 가족의 비밀을 술술 말하자 진짜 옹고집은 가짜로 몰려 쫓겨났어요. 옹고집은 도사를 만나 잘못을 모두 뉘우쳤고 도사는 부적을 써주었어요. 부적을 지닌 채 옹고집이 집으로 돌아갔더니 가짜 옹고집은 지푸라기로 변해버렸어요. 그 후 옹고집은 자신의 잘못을 뉘우치며 착하게 살았답니다.

함께 쓸 수 있는 말 **적반하장** 賊反荷杖 잘못한 사람이 오히려 큰소리친다.

主 주인 주	` 一 亠 主 主
客 손 객	` ′ ′ ′ ′ ′ 客 客
顚 엎드러질 전	顚
倒 넘어질 도	倒

| 主 | 客 | 顚 | 倒 | 주 | 객 | 전 | 도 |

💬 배운 고사성어를 넣어 나만의 문장을 만들어 보세요.

지록위마 指鹿爲馬

윗사람을 농락하고 멋대로 권세를 휘두르다

 예문으로 감잡기

1. 네가 아무리 반장이라도 지록위마처럼 친구들을 억누를 권리는 없어!

2. 선생님의 귀염을 받는다고 경솔하게 지록위마 같이 행동해서는 안 돼.

3. 손바닥으로 하늘을 가리는 격이지. 엄마를 속이고 동생이나 괴롭히는 지록위마를 해서 되겠어?

지록위마란 '사슴(鹿)을 가리켜(指) 말(馬)이라 한다(爲)' 는 뜻으로 윗사람을 농락하고 아랫사람들을 억누르며 멋대로 권세를 휘두르는 모습을 말해요

황제를 능가하는 권력을 가진 조고라는 환관이 있었어요. 조고는 자신에게 맞설 사람을 골라내기로 한 뒤, 황제에게 사슴을 내보이며 훌륭한 말을 바치겠다고 했어요. 황제가 이것은 사슴이라고 하자, 조고는 말이라고 우기며 신하들에게 무엇으로 보이는지 물었어요. 대부분의 신하는 조고가 무서워서 말이라고 대답했지만 몇 명만은 끝까지 사슴이라고 말했어요. 이후, 조고는 갖은 누명을 씌워 그들을 죽였고 신하들은 더욱 조고를 무서워했지요. 이렇게 조고가 사슴을 말이라고 우기며 황제와 신하들을 농락한 일화에서 '지록위마'라는 말이 생겼답니다.

指 가리킬 지	一 十 扌 扌 扩 指 指 指 指				
	指	指			

鹿 사슴 록	丶 一 广 户 庐 庐 庐 鹿 鹿 鹿 鹿 鹿				
	鹿	鹿			

爲 할 위	丶 丷 丶 ⺈ ⺈ 产 户 严 爲 爲 爲 爲				
	爲	爲			

馬 말 마	丨 厂 厂 ⺤ ⺤ 馬 馬 馬 馬 馬				
	馬	馬			

指	鹿	爲	馬	지	록	위	마

 배운 고사성어를 넣어 나만의 문장을 만들어 보세요.

_____

_____

_____

135

쾌도난마 快刀亂麻

복잡한 일을 명쾌하게 처리하다

 예문으로 감잡기

1. 방학하자마자 방학숙제를 쾌도난마같이 끝내야 한다고 말했는데, 아직 하나도 하지 않았구나.

2. 무거운 물건을 두고 여자아이들이 낑낑대고 있을 때, 민석이가 나타나 쾌도난마같이 순식간에 물건을 날라 주었다.

3. 아빠는 우리가 어질러 놓은 장난감들을 쾌도난마로 정리했다.

쾌도난마란 '어지럽게(亂) 얽힌 삼베(麻)를 빠르게(快) 벤다(刀)'는 뜻으로, 복잡한 일을 빠르고 명쾌하게 처리한다는 말이에요.

고환이라는 승상이 아들들의 능력을 시험해보기 위해 엉킨 실타래를 주고 풀어보라고 했어요. 다른 아들들은 열심히 실을 푼 반면에 둘째 아들인 고양은 칼로 실타래를 잘라버리고는 이렇게 말했어요.
"어지러운 것은 단번에 베어버려야 합니다."
훗날, 고양은 황제를 몰아내고 새 나라를 세웠지만, 폭군이 되었기 때문에 당시의 '쾌도난마'는 가혹한 통치로 나랏일을 처리한다는 뜻이었어요. 오늘날에는 문제를 빠르고 명쾌하게 처리한다는 뜻이 되었지요.

[함께 쓸 수 있는 말] **일도양단** 一刀兩斷 한 번 휘둘러 둘로 나누듯 머뭇거리지 않고 행동한다.

快	丶 丶 忄 忄 忄 快 快				
쾌할 쾌	快	快			

刀	刀 刀				
칼 도	刀	刀			

亂	乛 乛 乛 乛 乛 乛 乛 乛 亂 亂 亂 亂 亂				
어지러울 난	亂	亂			

麻	丶 一 广 广 广 庐 床 床 床 麻 麻 麻				
삼 마	麻	麻			

快	刀	亂	麻	쾌	도	난	마

💬 배운 고사성어를 넣어 나만의 문장을 만들어 보세요.

함흥차사咸興差使

한 번 가면 소식이 없다

 예문으로 감잡기

1. 애는 콩나물 사 오라고 심부름시켰더니 여태 함흥차사네.

2. 민정이는 화장실만 다녀오겠다더니 뭐하느라 아직 함흥차사니?

3. 중학생인 형은 사춘기에 들어섰는지 밖에 나가기만 하면 종일 함흥차사였다.

함흥차사란 '함흥(咸興)에 사신으로(使)로 보내진(差) 사람'이라는 뜻으로, 떠난 사람이 돌아오지 않고 소식이 없을 때 쓰는 말이에요.

조선 초기, 두 번의 왕자의 난으로 자식과 충신을 잃은 이성계는 왕위를 물려준 뒤 고향인 함흥으로 떠났어요. 태종은 아버지를 데려오기 위해 함흥으로 여러 번 사신을 보냈지만, 이성계는 매번 사신을 활로 쏘아 죽이거나 감옥에 가두어 버렸어요. 함흥에 사신으로 간 사람은 그 누구도 한양으로 돌아오지 못했고 이때부터 심부름을 시키거나 멀리 떠난 사람이 돌아오지 않고 소식이 없으면 '함흥차사'라는 말을 쓰게 되었답니다.

| 咸
다 함 | ノ 厂 厂 厃 厃 咸 咸 咸 咸 ||||
| | 咸 | 咸 | | | |

| 興
일 흥 | ′ ′ ′ ′ f f f' f' f' f' f' f' f' f' f' f' f' f' f' f'' f'' f''' f''' f''' 興 興 ||||
| | 興 | 興 | | | |

| 差
다를 차 | ′ ` ` ⸺ ⸺ 兰 兰 羊 差 差 差 ||||
| | 差 | 差 | | | |

| 使
부릴 사 | ノ イ イ イ 仁 佢 伊 使 使 ||||
| | 使 | 使 | | | |

| 咸 | 興 | 差 | 使 | 함 | 흥 | 차 | 사 |

 배운 고사성어를 넣어 나만의 문장을 만들어 보세요.

화룡점정 畵龍點睛

가장 중요한 부분을 마무리하여 완성하다

 예문으로 감잡기

1. 오늘 급식 메뉴는 콩나물밥에 소고기뭇국, 오징어 볶음 그리고 화룡점정으로 감귤 푸딩이야!

2. 너 오늘 정말 예쁘다! 특히 빨간 머리띠가 오늘 코디의 화룡점정인 거 같아.

3. 눈사람을 만들 때는 마지막에 화룡점정으로 당근 코를 만들어 줘야 해!

화룡점정이란 '용(龍)을 그린(畵) 뒤 눈동자(睛)를 점찍는다(點)'는 뜻으로, 끝에 중요한 마무리를 하여 완성하는 것을 말해요.

옛날 옛적에, 장승요라는 사람이 그린 벽화의 용이 튀어나올 것 같이 사실적이라 사람들이 극찬을 아끼지 않았어요. 그런데 용에 눈동자가 없는 것을 이상하게 여긴 사람들이 이유를 묻자 장승요는 이렇게 말했어요.

"용의 눈동자를 점찍어 완성한다면, 당장 벽에서 용이 튀어나와 하늘로 올라가 버릴 것입니다."

사람들이 허풍이 심하다며 믿지 않자, 어쩔 수 없이 그는 용의 눈에 눈동자를 찍었어요. 그러자 벽에서 눈이 그려진 용이 튀어나와 하늘로 올라가 버렸어요. 그 뒤, '화룡점정'은 중요한 부분을 마무리해야 완성되는 것을 뜻하게 되었답니다.

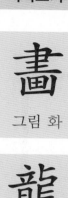

畫
그림 화

畫 畫

龍
용 룡

龍 龍

點
점 점

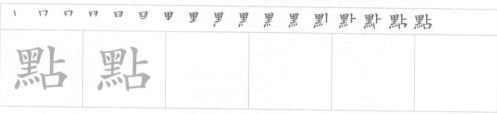

點 點

睛
눈동자 정

睛 睛

畫 龍 點 睛　　화 룡 점 정

💬 배운 고사성어를 넣어 나만의 문장을 만들어 보세요.

보기

새옹지마 절차탁마 낭중지추 화룡점정 임기응변

괄목상대 순망치한 주객전도 읍참마속 함흥차사

지록위마 금의환향 쾌도난마 와신상담 삼고초려

★ 보기에서 알맞은 고사성어를 찾아 빈칸에 써 보세요.

1   필기는 배운 내용을 빠르게 이해하기 위해 하는 거야. 하지만 넌 노트를 예쁘게 꾸미기 위해서 시간
    을 잡아먹고 있으니 ⬚⬚⬚⬚ 인 셈이야.

2   어떻게 그렇게 대처할 생각을 했어? 너 정말 ⬚⬚⬚⬚ 이 뛰어나구나!

3   올해는 작심삼일하지 않고 열심히 공부해서 ⬚⬚⬚⬚ 할 만한 성적을 내고 말거야.

4   에이스인 정훈이를 축구부에 가입시키기 위해 우리는 밤낮으로 ⬚⬚⬚⬚ 했다.

5   이몽룡은 과거에 급제하여 춘향이가 있는 고향으로 ⬚⬚⬚⬚ 했다.

6   ⬚⬚⬚⬚ 라더니, 너의 실력이 이제야 드러나는구나!

7   나랑 내 동생은 ⬚⬚⬚⬚ 같은 사이야. 막상 떨어져 있으면 보고 싶고 꼭 필요한
    존재지.

★ 고사성어의 뜻에 도착할 수 있도록 사다리를 타 보세요.

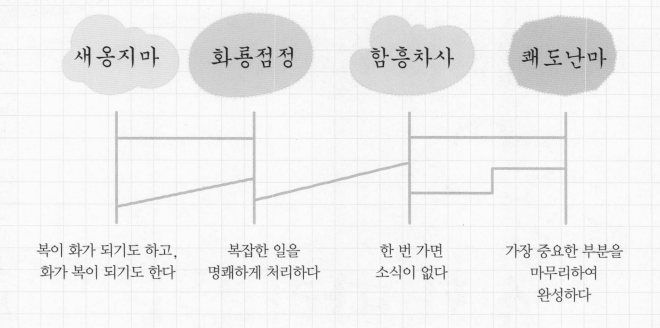

새옹지마　　　화룡점정　　　함흥차사　　　쾌도난마

복이 화가 되기도 하고,　　복잡한 일을　　　한 번 가면　　　가장 중요한 부분을
화가 복이 되기도 한다　　명쾌하게 처리함　　소식이 없다　　　마무리하여
　　　　　　　　　　　　　　　　　　　　　　　　　　　　　　완성하다

★ 순망치한이라는 단어를 보면 떠오르는 사람이나 물건을 그려 보세요.

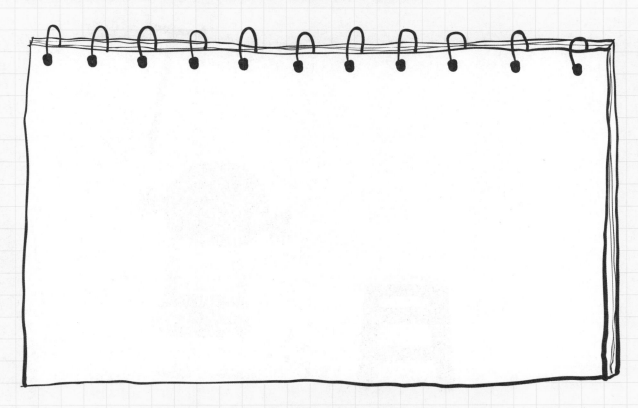

심화 따라쓰기

가렴주구
가혹하게 많은 세금을 거두어 백성을 괴롭히다.
苛 가혹할 가 **斂** 거둘 렴 **誅** 책망할 주 **求** 구할 구

| 苛 | 斂 | 誅 | 求 | 가 | 렴 | 주 | 구 |

가화만사성
집안이 화목하면 모든 일이 잘 이루어진다.
家 집 가 **和** 화할 화 **萬** 일만 만 **事** 일 사 **成** 이룰 성

| 家 | 和 | 萬 | 事 | 成 | 가 | 화 | 만 | 사 | 성 |

간담상조
간과 쓸개를 내보일 정도로 마음을 터놓고 친하게 지내는 사이.
肝 간 간 **膽** 쓸개 담 **相** 서로 상 **照** 비출 조

| 肝 | 膽 | 相 | 照 | 간 | 담 | 상 | 조 |

견물생심
물건을 보면 가지고 싶은 욕심이 생긴다.
見 볼 견 **物** 물건 물 **生** 날 생 **心** 마음 심

| 見 | 物 | 生 | 心 | 견 | 물 | 생 | 심 |

견원지간
개와 원숭이처럼 사이가 나쁜 관계
犬 개 견 **猿** 원숭이 원 **之** 갈 지 **間** 사이 간

| 犬 | 猿 | 之 | 間 | 견 | 원 | 지 | 간 |

경국지색

나라를 기울게 할 만한 미인.

傾 기울 경 國 나라 국 之 갈 지 色 빛 색

| 傾 | 國 | 之 | 色 | 경 | 국 | 지 | 색 |

교각살우

뿔을 바로 잡으려다 소를 죽인다. 조그만 흠을 고치려다 일을 그르치다.

矯 바로잡을 교 角 뿔 각 殺 죽일 살 牛 소 우

| 矯 | 角 | 殺 | 牛 | 교 | 각 | 살 | 우 |

교우이신

친구를 사귈 때 믿음으로써 사귀어야 한다.

交 사귈 교 友 벗 우 以 써 이 信 믿을 신

| 交 | 友 | 以 | 信 | 교 | 우 | 이 | 신 |

권토중래

흙먼지를 날리며 다시 온다. 한 번의 실패로 포기하지 않고 다시 일어나다.

捲 말 권 土 흙 토 重 거듭 중 來 올 래

| 捲 | 土 | 重 | 來 | 권 | 토 | 중 | 래 |

금지옥엽

금 가지에 옥 잎사귀. 세상에 둘도 없는 귀한 자손.

金 쇠 금 枝 가지 지 玉 구슬 옥 葉 잎 엽

| 金 | 枝 | 玉 | 葉 | 금 | 지 | 옥 | 엽 |

낭중취물

주머니 속의 물건을 꺼내는 것처럼 매우 쉬운 일

囊 주머니 낭　**中** 가운데 중　**取** 취할 취　**物** 만물 물

| 囊 | 中 | 取 | 物 | 낭 | 중 | 취 | 물 |

동고동락

괴로움과 즐거움을 함께하다.

同 같을 동　**苦** 쓸 고　**同** 같을 동　**樂** 즐길 락(낙)

| 同 | 苦 | 同 | 樂 | 동 | 고 | 동 | 락 |

맹모삼천지교

맹자의 어머니가 교육을 위해 세 번을 이사하다. 교육과 성장에 환경이 중요하다.

孟 맏 맹　**母** 어미 모　**三** 석 삼　**遷** 옮길 천　**之** 갈 지　**教** 가르칠 교

| 孟 | 母 | 三 | 遷 | 之 | 教 | 맹 | 모 | 삼 | 천 | 지 | 교 |

박학다식

많이 배우고 아는 것이 많다.

博 넓을 박　**學** 배울 학　**多** 많을 다　**識** 알 식

| 博 | 學 | 多 | 識 | 박 | 학 | 다 | 식 |

반면교사

다른 사람의 잘못을 거울삼아 가르침을 얻는다.

反 반할 반　**面** 얼굴 면　**教** 가르칠 교　**師** 스승 사

| 反 | 面 | 教 | 師 | 반 | 면 | 교 | 사 |

반포지효

어미에게 되먹이는 까마귀의 효성. 자식의 부모님에 대한 효성.

反 돌이킬 반　哺 먹일 포　之 갈 지　孝 효도 효

| 反 | 哺 | 之 | 孝 | 반 | 포 | 지 | 효 |

배은망덕

은혜를 잊고 배신하다.

背 배반할 배　恩 은혜 은　忘 잊을 망　德 덕 덕

| 背 | 恩 | 忘 | 德 | 배 | 은 | 망 | 덕 |

사상누각

모래 위에 세운 집. 기초가 약하면 오래 가지 못한다.

沙 모래 사　上 위 상　樓 다락 루　閣 집 각

| 沙 | 上 | 樓 | 閣 | 사 | 상 | 누 | 각 |

수주대토

그루터기를 지켜보며 토끼가 나오길 기다린다. 착각에 빠져 안 될 일을 고집하는 어리석음.

守 지킬 수　株 그루터기 주　待 기다릴 대　兎 토끼 토

| 守 | 株 | 待 | 兎 | 수 | 주 | 대 | 토 |

심사숙고

오래도록 깊이 생각하다.

深 깊을 심　思 생각 사　熟 익을 숙　考 생각할 고

| 深 | 思 | 熟 | 考 | 심 | 사 | 숙 | 고 |

십시일반

밥 열 순가락이면 밥 한 그릇. 여럿이 힘을 합치면 한 사람을 돕기는 쉽다.

十 열 십　匙 순가락 시　一 한 일　飯 밥 반

| 十 | 匙 | 一 | 飯 | 십 | 시 | 일 | 반 |

역지사지

입장을 바꾸어 생각하다.

易 바꿀 역　地 땅 지　思 생각 사　之 갈 지

| 易 | 地 | 思 | 之 | 역 | 지 | 사 | 지 |

오비삼척

내 코가 석 자. 내 사정이 좋지 않아 남을 돌볼 겨를이 없다.

吾 나 오　鼻 코 비　三 석 삼　尺 자 척

| 吾 | 鼻 | 三 | 尺 | 오 | 비 | 삼 | 척 |

오비이락

까마귀 날자 배 떨어진다. 우연히 동시에 일어난 일로 궁지에 몰리다.

烏 까마귀 오　飛 날 비　梨 배나무 이(리)　落 떨어질 락(낙)

| 烏 | 飛 | 梨 | 落 | 오 | 비 | 이 | 락 |

오월동주

오나라와 월나라 사람이 한 배에 타고 있다. 평소에 사이가 좋지 않아도 공통의 어려움을 겪을 때는 협력하다.

吳 나라 이름 오　越 나라 이름 월　同 한가지 동　舟 배 주

| 吳 | 越 | 同 | 舟 | 오 | 월 | 동 | 주 |

온고지신

옛 것을 익히고 그것을 발판 삼아 새로운 것을 깨닫는다.

溫 익힐 온　故 옛 고　知 알 지　新 새 신

| 溫 | 故 | 知 | 新 | 온 | 고 | 지 | 신 |

외유내강

겉은 부드럽지만 속은 강하다.

外 밖 외　柔 부드러울 유　內 안 내　剛 굳셀 강

| 外 | 柔 | 內 | 剛 | 외 | 유 | 내 | 강 |

유비무환

평소에 준비를 철저히 하면 걱정이 없다.

有 있을 유　備 갖출 비　無 없을 무　患 근심 환

| 有 | 備 | 無 | 患 | 유 | 비 | 무 | 환 |

유유상종

생각이나 성격이 서로 비슷한 사람끼리 모이고 어울리다.

類 무리 유　類 무리 유　相 서로 상　從 좇을 종

| 類 | 類 | 相 | 從 | 유 | 유 | 상 | 종 |

인과응보

좋은 일에는 좋은 결과가 나쁜 일에는 나쁜 결과가 따른다.

因 인할 인　果 실과 과　應 응할 응　報 갚을 보

| 因 | 果 | 應 | 報 | 인 | 과 | 응 | 보 |

자승자박

자신의 줄로 자신을 묶는다. 자신이 한 말과 행동으로 어려움을 겪는다.

自 스스로 자   繩 줄 승   自 스스로 자   縛 묶을 박

| 自 | 繩 | 自 | 縛 | 자 | 승 | 자 | 박 |

자포자기

자신을 학대하고 소중히 여기지 않는다.

自 스스로 자   暴 사나울 포   自 스스로 자   棄 버릴 기

| 自 | 暴 | 自 | 棄 | 자 | 포 | 자 | 기 |

지피지기

상대를 알고 나를 알아야 한다. 상대와 나의 상황을 알아야 승리할 수 있다.

知 알 지   彼 저 피   知 알 지   己 몸 기

| 知 | 彼 | 知 | 己 | 지 | 피 | 지 | 기 |

진퇴양난

나아갈 수도 물러날 수도 없는 난처한 상황에 빠지다.

進 나아갈 진   退 물러날 퇴   兩 두 양(량)   難 어려울 난

| 進 | 退 | 兩 | 難 | 진 | 퇴 | 양 | 난 |

초록동색

풀빛과 녹색은 같은 색이다. 비슷한 처지나 비슷한 성격의 사람들끼리 어울리다.

草 풀 초   綠 푸를 록   同 같을 동   色 빛 색

| 草 | 綠 | 同 | 色 | 초 | 록 | 동 | 색 |

촌철살인

상대의 마음을 공격하거나 움직이는 날카로운 말 한 마디.

寸 마디 촌 **鐵** 쇠 철 **殺** 죽일 살 **人** 사람 인

| 寸 | 鐵 | 殺 | 人 | 촌 | 철 | 살 | 인 |

침소봉대

작은 바늘을 몽둥이라고 말하다. 작은 일을 크게 과장해서 말하다.

針 바늘 침 **小** 작을 소 **棒** 몽둥이 봉 **大** 큰 대

| 針 | 小 | 棒 | 大 | 침 | 소 | 봉 | 대 |

풍전등화

바람 앞의 등불. 매우 위험한 처지에 놓여 있다.

風 바람 풍 **前** 앞 전 **燈** 등 등 **火** 불 화

| 風 | 前 | 燈 | 火 | 풍 | 전 | 등 | 화 |

학수고대

학처럼 머리를 빼고 기다리다. 무엇인가를 간절히 기다리다.

鶴 학 학 **首** 머리 수 **苦** 쓸 고 **待** 기다릴 대

| 鶴 | 首 | 苦 | 待 | 학 | 수 | 고 | 대 |

호사다마

좋은 일에는 탈이 많다.

好 좋을 호 **事** 일 사 **多** 많을 다 **魔** 마귀 마

| 好 | 事 | 多 | 魔 | 호 | 사 | 다 | 마 |